esenciales

esenciales es una serie de libros especialmente diseñados para los lectores que desean obtener una visión general de un tema en poco tiempo. Estos libros contienen la esencia de lo que se considera el "estado del arte" en el debate profesional actual y en la práctica. essentials in-form son rápidos, directos y fáciles de entender. Ayudan a

- como introducción a un tema de actualidad,
- como introducción a un área temática aún desconocida,
- como una visión para opinar sobre un tema concreto.

Uwe G. Seebacher
Julián Garritz

Gestión basada en datos

Manual para la toma de decisiones en las empresas del futuro

Primera edición 2021

© AQPS Inc. 2021

Uwe Seebacher
Graz, Austria

Julián Garritz
Frankfurt, Alemania

Lo que puedes encontrar en este *esencial*

- Una introducción a la situación actual y la importancia de la gestión basada en datos (GBD).
- Varias definiciones breves de términos relevantes en el contexto de la GBD.
- Una herramienta para el análisis de la situación de la GDD en una organización
- Un modelo de proceso para el desarrollo u optimización de un sistema ya existente a GBD
- La comprobación rápida de la autoevaluación para determinar la propia preparación para el GBD, pero también los respectivos potenciales de GBD de la organización
- Breve presentación de varias plantillas y herramientas que han sido probadas y son relevantes en relación con el desarrollo u optimización de GBD.
- Perspectiva de la evolución de GBD
- Muchos otros enlaces a artículos y fuentes para profundizar en el contenido de este *esencial*.

Prólogo

Desde hace muchos años me ocupo del tema de la gestión basada en datos (GBD). A la inversa, también es cierto que este tema ya me ha ocupado durante muchos años, ya que me fascina. Sin embargo, hasta ahora siempre han sido los límites de la viabilidad tecnológica los que hacían que la gestión moderna basada en datos en el contexto de la inteligencia predictiva pareciera imposible. En los últimos años, sin embargo, el entorno ha evolucionado significativamente hacia uno positivo en lo que respecta al tema de la gestión basada en datos.

Palabras de moda como *Big Data, Inteligencia Artificial, Blockchain, Automatización del Marketing* y muchas otras abren posibilidades casi ilimitadas. La situación actual me recuerda un poco al espíritu de optimismo cuando salieron al mercado los primeros sistemas en el ámbito de la gestión de las relaciones con los clientes (CRM). Todavía recuerdo cómo participé como experto en esos proyectos para muchos clientes diferentes. Sin embargo, a mi pesar, también debo recordar que la mayoría de estos proyectos fueron finalmente pensados y realizados a medias. Así lo confirman las recientes encuestas realizadas por institutos de renombre, que muestran que alrededor del 80% de estos sistemas siguen sin aportar el valor añadido esperado a sus usuarios.

En este contexto, me asustan las declaraciones de cada vez más directivos que evalúan activamente la adquisición de una solución en el campo de la inteligencia artificial, en la creencia de que esto resolverá de un plumazo la situación actual en cuanto a la fuga ciega de la tecnología de datos de sus propias organizaciones. Esta fuga ciega omnipresente se puso de manifiesto una vez más en el estudio publicado en 2020 por Fujitsu y Freeform Dynamics bajo el título "The road to becoming a data-driven business" (El camino para convertirse en una empresa impulsada por los datos), según el cual sólo el 5% (¡!) de las empresas pueden considerarse "impulsadas por los datos" en la actualidad.

Una y otra vez utilizo la comparación de los niños de la escuela primaria en el contexto de las conferencias y charlas y me refiero en este contexto a cómo se les enseña hoy en día la aritmética a estos niños. En el primer paso tienen que aprender los mecanismos básicos de las matemáticas mediante la aritmética mental. Sólo cuando han alcanzado el nivel adecuado de madurez matemática comienzan a aprender y procesar operaciones aritméticas más complejas con la calculadora. Este principio se ha utilizado en la educación moderna durante muchas décadas, probablemente no sin razón. Por tanto, cabe preguntarse por qué estos principios básicos de la lógica y el aprendizaje no deberían ser relevantes para temas mucho más complejos.

La conclusión que se desprende de esto es que el manejo de la inteligencia artificial como generalidad de un panorama tecnológico muy desarrollado debe entenderse y procesarse primero en términos de los mecanismos, lógicas y algoritmos subyacentes. Además, es necesario, en el sentido de una gestión sostenible basada en datos, ser consciente de los tres factores fundamentales de objetividad, fiabilidad y validez en relación con los datos utilizados como constructos de contenido. Sencillamente, se trata de comprender y ser capaz de reconocer si los datos disponibles son válidos y fiables. Sin embargo, esto requiere un proceso intensivo en cuanto al trabajo con estos datos.

Porque lo que puede ocurrir en el peor de los casos es que se introduzcan datos no válidos en un sistema de inteligencia artificial, que luego genere información supuestamente fiable y válida para la toma de decisiones empresariales de gran alcance o incluso estratégicas. No creo que sea necesario abundar más en la fatalidad de una situación así en términos de responsabilidad pero también de riesgo empresarial.

Por lo tanto, con el trasfondo de muchos proyectos y trabajos de investigación diferentes, he diseñado y publicado un modelo para la evaluación, pero también para el desarrollo de una gestión basada en datos. En muchos proyectos e iniciativas diferentes, este modelo de procedimiento fue probado y perfeccionado. Con este modelo de procedimiento para la gestión orientada a los datos, usted puede crear la base para un éxito empresarial sostenible en el contexto de la gestión orientada a los datos y la inteligencia predictiva, paso a paso, sin expertos externos y sin inversiones separadas para y en su propia organización.

Con la ayuda del sencillo procedimiento de autoevaluación de la gestión de datos, podrá conocer su situación inicial antes de iniciar las actividades y, a partir de ahí, poner en marcha las primeras medidas aprovechando al máximo los elementos ya disponibles en su propia organización. Le deseo mucho éxito en este fascinante viaje hacia la gestión basada en datos. Estoy convencido de que, al cabo de poco tiempo, se sentirá tan fascinado por las posibilidades que seguramente se abrirán como lo he estado yo durante años.

Abril 2021   Uwe Seebacher, Julián Garritz

Tabla de contenidos

1 El modelo de procedimiento para GBD **15**
   1.1   El modelo de madurez sobre GBD 15
   1.2   Fase 1: Análisis empresarial reactivo-estático 16
          1.2.1   Se trata de la gestión del cambio 17
          1.2.2   Todo es cuestión de datos 18
          1.2.3   Las plantillas facilitan el inicio 20
          1.2.4   ¿Cómo es el modelo de datos básico? 21
   1.3   Fase 2: Análisis empresarial proactivo-situacional 22
          1.3.1   Los cuadros de mando como factor de éxito de la GDD 22
          1.3.2   Los datos de los clientes son esenciales para el GBD 24
          1.3.3   Conexión de datos internos y externos 25
          1.3.4   Utilizar la cadena de valor para llegar
                  al mercado de referencia 27
   1.4   Fase 3: Inteligencia empresarial interactiva-dinámica 27
   1.5   Fase 4: Modelización dinámica Inteligencia predictiva 28
   1.6   Cuál es el factor de éxito decisivo 29
Más información 30

2   El ecosistema conceptual de GBD **31**
   2.1   Pruebas A/B 31
   2.2   Inteligencia Artificial (IA) 32
   2.3   Red neuronal artificial (RNA) 32
   2.4   Aprendizaje por refuerzo 32
   2.5   Métricas de evaluación 33
   2.6   Grandes datos 33
   2.7   Análisis de negocio vs. Análisis de negocio 33
   2.8   Inteligencia empresarial (BI) 34
   2.9   Análisis en la nube 34
   2.10 Análisis de medios sociales basados en la nube (CSMA) 34
   2.11 Abastecimiento en la nube 35
   2.12 Agrupación 35
   2.13 Análisis de datos 35
   2.14 Limpieza de datos 36
   2.15 Lago de datos 36

2.16	Extracción de datos	36
2.17	Ciencia de los datos	36
2.18	Científico de datos	37
2.19	Aprendizaje profundo	37
2.20	Análisis descriptivo	37
2.21	Análisis descriptivo	37
2.22	Modelos descriptivos	37
2.23	Informes de excepción	38
2.24	Extrapolación	38
2.25	Modelos funcionales o modelización	38
2.26	Clúster Hadoop	38
2.27	Recolección	39
2.28	Análisis de componentes principales (PCA)	39
2.29	En la muestra	39
2.30	Agrupación de k-Means	39
2.31	k-vecinos *más* cercanos	39
2.32	Clasificación	40
2.33	Método de Lovaina	40
2.34	Aprendizaje automático	40
2.35	Extracción de características	41
2.36	Modelado	41
2.37	Seguimiento del modelo	41
2.38	Unidades de muestra	41
2.39	Redes neuronales	41
2.40	Fuera de la muestra	42
2.41	Parámetro	42
2.42	Análisis predictivo	42
2.43	Modelos predictivos o modelización	43
2.44	Predictores	43
2.45	Análisis prescriptivo	43
2.46	Marketing predictivo	44
2.47	Inteligencia en materia de adquisiciones	44
2.48	Forrest aleatorio	45
2.49	Análisis de regresión	45
2.50	Regularización	45
2.51	Patrones de formación	46
2.52	Aprendizaje no supervisado	46
2.53	Aprendizaje supervisado	46
2.54	Validación	46
2.55	Variables	47
2.56	La dinámica del mundo conceptual GBD	47
Más información		47

3 La autoevaluación de GBD 49
    3.1   Las dimensiones de la evaluación del GBD 49
            3.1.1   El índice de potencial 50

        3.1.2   El índice de la cadena de valor 51
        3.1.3   El índice de eficiencia de costes 53
        3.1.4   El índice de estructura 53
        3.1.5   El índice de estrategia 53
        3.1.6   El índice de distribución 55
        3.1.7   El índice de infraestructuras 55
        3.1.8   El índice de competencia 57
3.2   La evaluación de la valoración del GBD 57
3.3   Saber a qué atenerse 61
Más información 61

Resumen y perspectivas **63**

Literatura adicional **67**

Sobre los autores

El Prof. h.c. Dr. Uwe Seebacher (MBA), doctor en economía y administración de empresas, cuenta con más de 25 años de experiencia como consultor, gestor pero también empresario en los sectores de los medios de comunicación, la producción y los servicios, con éxitos internacionales en marketing y comunicaciones estratégicas y operativas, así como en la optimización de procesos, la digitalización, la gestión de recursos humanos y el desarrollo organizativo.

Es profesor en muchas escuelas de negocios y universidades de renombre y es autor de artículos y libros en muchas editoriales de renombre, como "Predictive Intelligence for Data-driven Managers" (Springer 2021), "B2B Marketing Guidebook" (Springer 2021), "Marketing Resource Management" (AQPS 2021), "Leadership Development" (Linde 2006) o "Template-based Management (Springer 2020).

Por sus innovadores conceptos e iniciativas de marketing, por ejemplo, con Allianz, la Unión Europea, la Cámara Económica Federal de Austria, Bayer Leverkusen y BASF, recibió varios premios, como el Premio a la Innovación Diskobolos de la Cámara de Comercio Europea y el Premio a la Exportación 2016 de la Cámara Económica Federal de Austria. Para más información, visite www.uweseebacher.org.

Julián Garritz tiene estudios en Historia por la Universidad Nacional Autónoma de México. Es Fundador y Director General de Garritz Internacional, agencia digital y consultora con presencia en Latinoamérica, Estados Unidos y Europa. Dirigiendo la estrategia del grupo desde Frankfurt, Alemania, ha desarrollado exitosamente una red internacional que sirve a clientes en diferentes y segmentos, entre los que destacan los servicios financieros, el entretenimiento, la salud y los negocios industriales.

Ha trabajado desde 1998 en el desarrollo de proyectos digitales, dedicando especial atención al desarrollo de tecnología y a la eficiencia de la comunicación, el marketing digital y la compra de medios digitales. Actualmente cuenta con un equipo internacional de desarrolladores, científicos de datos, creativos y expertos en planeación y compra de medios digitales con presencia en la Ciudad de México, Frankfurt, Ciudad de Panamá, Nueva York y Coimbatore, India. En el contexto del marketing B2B, a lo largo de su carrera ha trabajado con importantes marcas de servicios, maquinaria y productos industriales en Latinoamérica, Europa y Asia. En el año 2013 ganó un premio *Effie* de Oro para una marca reconocida de chocolates en México por su estrategia digital y generación de ventas. En 2018 se hizo acreedor a un financiamiento en el marco del programa *Löwe* por el gobierno del estado alemán de Hessen para un proyecto con la Clínica de la Universidad de Frankfurt dedicado a procesos de automatización en el reconocimiento y diagnóstico de cáncer pulmonar en tomografías computarizadas. En 2020 ganó con thyssenkrupp Industrial Solutions el premio *German Brand Award* (Brand digitalization) por el desarrollo y ejecución de la campaña publicitaria digital para la presentación de maquinaria para minería en la feria trianual BAUMA en la ciudad de Múnich, Alemania.

El modelo de procedimiento para GBD

Este capítulo ofrece una visión general compacta y una presentación introductoria del procedimiento para establecer la gestión basada en datos (GBD). Describe cómo puede establecerse la GBD en una organización paso a paso.

1.1 El modelo de madurez para el GBD

El modelo de madurez de la GDD (Fig. 1.1) se desarrolló sobre la base de varios proyectos de implantación en empresas. El modelo consta de cuatro niveles. El modelo se desarrolló en el transcurso de entrevistas con expertos y sobre la base de evaluaciones de diversos artículos científicos, siguiendo el modelo de inteligencia predictiva (Seebacher 2021).

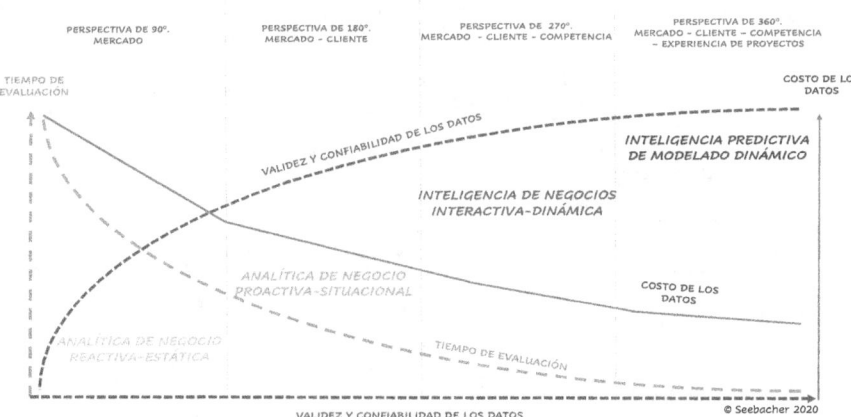

Fig. 1.1 Modelo de madurez para la gestión del desarrollo sostenible basado en Seebacher 2021

El modelo examina de forma esquemática a lo largo del tiempo la evolución de las distintas dimensiones relevantes consideradas:

- Costes de los datos
- Calidad de los datos
- Tiempo de evaluación de los datos

El modelo divide el desarrollo en cuatro niveles o características de cómo se manejan los datos en las organizaciones. El punto de partida, en el que todavía se encuentra el 95% de las empresas, se denomina *análisis empresarial reactivo-estático*. Esta etapa se caracteriza por los altos costes de los datos, los largos tiempos de espera y la baja validez y fiabilidad de los datos. En la mayoría de los casos, se encargan externamente los análisis y estudios necesarios, que se utilizan una vez y luego no fluyen a ningún tratamiento posterior en las empresas.

El nivel de desarrollo 2 se denomina *análisis empresarial* (BA) *proactivo-situacional*. En este nivel, el BA ya se utiliza de forma proactiva en relación con temas de gestión específicos. Esto requiere que los datos estén disponibles, validados y preparados en las organizaciones, pero también que se mantengan.

La tercera etapa de desarrollo va de la mano de una perspectiva de datos integral de 270° y permite *una inteligencia empresarial interactiva-dinámica*. Desde el punto de vista operativo, esto significa que el departamento responsable de GBD debe participar continuamente en todas las actividades operativas y estratégicas de la dirección de la empresa. Como resultado, se ha desarrollado un intenso intercambio con los distintos departamentos internos, para una gestión empresarial sólida y optimizada en cuanto a beneficios.

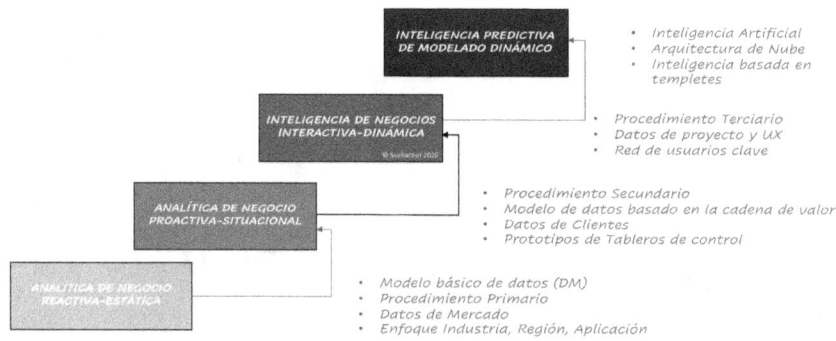

Fig. 1.2 Modelo de proceso para el GBD (Fuente: representación propia basada en Seebacher 2021)

La inteligencia *predictiva de modelado dinámico* es el nivel más alto de GBD y combina dinámicamente todas las dimensiones relevantes de los datos internos y externos en una visión de 360° en términos de contenido. La diferencia decisiva con los demás niveles de desarrollo es la competencia de la inteligencia *interpretativa* e *inferencial.* Ésta no sólo proporciona análisis y evaluaciones, sino que también permite realizar simulaciones futuras concretas mediante la integración de aplicaciones, instrumentos y tecnologías de autoaprendizaje en el sentido no sólo de una declaración sobre la probabilidad de ocurrencia de eventos futuros, sino también de su diseño operativo aplicado.

Sobre la base de este modelo de desarrollo de la GDD, se desarrolló para esta publicación el modelo de proceso esquemático de la GDD siguiendo a Seebacher (2021) (Fig. 1.2). Basándose en el modelo, se pueden derivar las áreas de actividad más importantes para cada etapa del modelo de desarrollo, que deben llevarse a cabo para pasar a la siguiente etapa de madurez.

1.2 Fase 1: Análisis empresarial reactivo-estático

La realización de la primera fase de la gestión del riesgo de desastres implica tres actividades fundamentales:

- Definición de segmentos importantes en relación con la organización respectiva para acotar el conjunto inicial de datos relevantes para comenzar con este segmento de datos seleccionado
- Selección de proveedores externos válidos de datos económicos y de mercado y, a partir de ahí, recopilación y tratamiento estructurado de estos datos para el servicio interno de las solicitudes de investigación
- Definición y desarrollo de un modelo de datos básico con la ayuda del cual se pueden llevar a cabo evaluaciones y análisis iniciales

Estas actividades pueden diseñarse y ponerse en marcha sin recursos financieros adicionales. Este es un aspecto crucial, ya que muy pocos ejecutivos asignarían presupuestos y recursos ex ante a un tema nuevo y poco conocido, especialmente en el contexto de que se ha demostrado que hay poca conciencia de la alta y creciente relevancia de los datos en la alta dirección actual. Por lo tanto, todo el modelo de proceso presentado aquí está diseñado para realizar y, por lo tanto, comunicar éxitos tangibles en un corto período de tiempo sin costes adicionales, para poder ampliar y extender las actividades de GBD paso a paso como resultado - siempre de forma conjunta y en estrecha coordinación con toda la organización.

1.2.1 Se trata de la gestión del cambio

La teoría clásica de la gestión del cambio demuestra que la disposición al cambio es mayor cuando hay problemas, como el hecho de ir por detrás del plan en términos de ventas. En el contexto de la primera fase, esto significa que hay que buscar esas áreas problemáticas dentro de la organización. Para encontrar esas áreas, es necesario examinar estructuralmente las cifras de ventas de la organización correspondiente. ¿Cómo se puede aplicar esto de forma operativa? El enfoque concreto depende del tamaño, pero también de la presencia geográfica de la organización respectiva. Los siguientes criterios son relevantes:

- Número de países o regiones relevantes para las ventas y el marketing
- Número de industrias atendidas

Sobre la base de estas dos categorías, se pueden definir los siguientes cuatro escenarios a modo de orientación:

- Escenario 1: Organización nacional con un solo producto o industria
- Escenario 2: Organización regional o internacional con un producto o industria
- Escenario 3: Organización nacional con varios productos y/o con enfoque en varias industrias
- Escenario 4: Organización regional o internacional con múltiples productos y/o con enfoque en múltiples industrias

Para todos los escenarios, la regla básica es que hay que crear un acceso a las ventas. Al principio, es fundamental asumir que se encontrará inmediatamente con vientos en contra si incorpora a la persona equivocada. Siempre es una cuestión de soberanía organizativa y de sensibilidades. Por lo tanto, durante todo el trabajo de configuración del GBD, es importante asegurarse de que se tiene en cuenta la distribución estándar de la disposición al cambio, con un 20% dispuesto a cambiar, un 60% neutral al cambio y un 20% que se resiste al cambio. Por lo tanto, considere quién en ventas o incluso en finanzas puede ser clasificado como digno de confianza. Acérquese a esta persona y concierte una cita. El contenido de esta primera reunión debería ser una discusión de reflexión sobre cómo trabajar aún mejor con GBD en beneficio de toda la empresa. Durante el primer intercambio, se presentarán las posibilidades del marketing moderno. Se trata de temas seleccionados del marketing moderno (B2B), como las campañas centradas en LinkedIn, la venta social también el escaneo de clientes potenciales, la nutrición de clientes potenciales (Seebacher 2020). Sobre la base de estos temas, se explicará cómo se pueden apoyar las ventas de manera eficiente y eficaz de una manera muy específica sobre la base de las últimas tecnologías que minimizan los costos. Con este telón de fondo, se discutirá y debatirá conjuntamente en qué área de las ventas sería útil y necesario apoyar. En toda organización, siempre hay ciertas áreas de ventas en las que se puede mejorar. Hay que identificarlas, porque el director de producto correspondiente o el empleado de ventas responsable estará en todo caso interesado en hacer todo lo posible para optimizar un volumen de ventas que se debilita.

1.2.2 Se trata de datos

Una vez identificados los primeros clientes piloto en términos de datos y ventas, el siguiente paso es recopilar la información y el material de datos necesarios. Muchas instituciones diferentes y de libre acceso ofrecen una visión general de los proveedores de bases de datos siempre actualizados, como la Universidad de Economía y Empresa de Viena, a cuya visión general se puede acceder a través del siguiente QRC (Fig. 1.3).

Fig. 1.3 QRC a WU Vienna para recuperar proveedores de bases de datos (Fuente: representación propia)

Sin embargo, la Comisión Europea también ofrece una visión general de las bases de datos económicos relevantes que son de libre acceso en el siguiente enlace (Fig. 1.4).

Fig. 1.4 QRC a la Comisión Europea para la recuperación de bases de datos económicas (fuente: representación propia)

Estos son sólo dos de los muchos sitios web que ofrecen una visión general de las bases de datos empresariales relevantes. Seebacher (2021) ofrece una visión general de las bases de datos más comunes y reconocidas, desglosadas por sectores.

1.2.3 Las plantillas facilitan el inicio

Especialmente al comienzo de las actividades de GBD, es crucial no dejar nada al azar. El camino hacia la GBD es como un cambio de paradigma y un enorme proceso de aprendizaje organizativo. El objetivo debe ser poder tramitar internamente cada vez más solicitudes de análisis, evaluaciones e investigaciones de forma eficiente y eficaz. Para ello es necesario que todo el proceso sea riguroso y esté orientado a los objetivos, de modo que haya el menor número posible de bucles y repeticiones. Siguiendo el trabajo sobre la gestión basada en plantillas (Seebacher 2020), se puede utilizar el instrumento de las plantillas.

Si se establece un sistema sencillo, estandarizado y, por ejemplo, basado en MS Excel, de seguimiento de las solicitudes de investigación entrantes, es posible planificar bien cuándo se pueden completar internamente los distintos análisis, elaboraciones e informes. En este punto, vuelve a entrar en juego la comunicación limpia como parte de la gestión de expectativas. Tras recibir la solicitud, se devuelve inmediatamente un correo electrónico con la referencia de que la solicitud ha sido recibida y documentada. La plantilla (Fig. 1.5) para especificar la solicitud de búsqueda se adjunta automáticamente a este correo electrónico para poder consultar los requisitos de forma eficiente y eficaz.

Fecha	
Solicitado por (función y nombre)	
Persona(s) de contacto interna(s) para la validación de datos, si es diferente del solicitante	
Plazo (hasta qué fecha deben entregarse los datos - por ejemplo, un evento específico próximo)	
Capital Y/O Servicio	
Industria (especifique una o más)	
Aplicación (si es relevante; opcional: paso específico del proceso)	
Decisión empresarial a tomar o justificación empresarial de la solicitud *para evitar redundancias	
Alcance de los datos a recuperar *Por favor, especifique lo más detallado posible Por ejemplo: ámbito geográfico, tecnologías específicas, sub-aplicaciones, período relevante (marco temporal), perspectivas futuras necesarias, datos externos y/o internos como los procedentes de CRM, números de tarifas personalizadas, números de identificación de licitaciones, etc.	
Formato requerido del entregable (PPT, Excel)	

Fig. 1.5 Plantilla para presentar una solicitud de búsqueda (fuente: representación propia)

Gestión basada en datos   21

Con la ayuda de esta plantilla, se puede minimizar significativamente el tiempo de definición de las consultas. Por otra parte, la plantilla protege al equipo de GBD, que de este modo no tiene que procesar solicitudes que no estén suficiente y válidamente definidas.

1.2.4 Cómo es el modelo de datos básico

Además de unos procesos y plantillas claros, el modelo de datos subyacente a un futuro entorno de GBD interno es el elemento más importante y, a la larga, el más importante. Dicho modelo de datos debe ser cuidadosamente diseñado, estructurado y desarrollado paso a paso. Es el núcleo sobre el que, en última instancia, se construye todo lo demás. Cada dato adicional debe poder integrarse en el modelo de datos del GBD existente y vincularse a él.

Además, el modelo de datos, inicialmente estático y temporalmente unidimensional, debe poder trabajar y calcular posteriormente de forma temporalmente multidimensional, dinámicamente regresiva, pero también extrapolativa. Para ello, los algoritmos propios de la empresa deben integrarse en el modelo de datos o almacenarse en él. Aunque, desde el punto de vista estructural, siempre se utilizan, por supuesto, estructuras y mecanismos de datos ya existentes, un entorno de GBD sólo puede generar el máximo valor añadido a largo plazo sin compromiso si no se utilizan mecanismos genéricos, sino mecanismos adaptados y ajustados específicamente a las necesidades de la organización de destino.

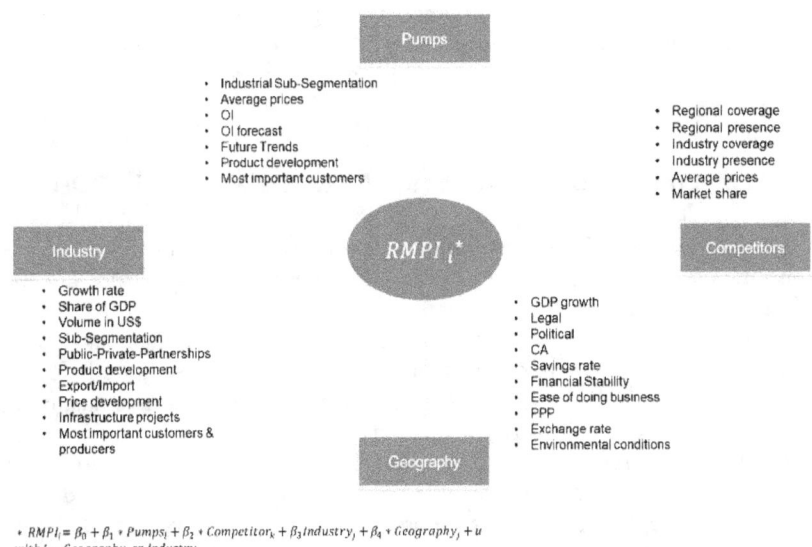

• $RMPI_i = \beta_0 + \beta_1 \cdot Pumps_i + \beta_2 \cdot Competitor_k + \beta_3 Industry_j + \beta_4 \cdot Geography_j + u$
  with l ... $Geography_i$ or $Industry_i$

Fig. 1.6 Representación esquemática de un modelo de datos base del GBD (Fuente: Seebacher 2021).

Esto requiere que dicho modelo de datos se desarrolle paso a paso desde cero y se perfeccione y amplíe continuamente. El modelo básico para el GBD contiene cuatro áreas esenciales (Fig. 1.6):

- Datos de la aplicación o del segmento
- Datos del sector
- Datos económicos geográficos
- Datos de la competencia

Con este modelo de datos basado en Excel, se pueden realizar evaluaciones y análisis iniciales. Estos resultados iniciales se siguen extrayendo manualmente del cuadro de Excel, para incorporarlos posteriormente a una documentación de PowerPoint que se puede presentar. Normalmente, estos análisis e informes constan de entre 10 y 20 páginas y permiten al cliente interno resolver inmediatamente la tarea correspondiente.

1.3   Fase 2: Análisis empresarial proactivo-situacional

Al cabo de unos seis a doce meses, debería darse el paso a la fase 2. El lapso de tiempo no es el criterio decisivo aquí, sino la *autenticidad de la implementación*. Esto se refiere a la penetración en la organización, así como a la llegada del tema a la misma. En definitiva, se trata de un proceso de cambio drástico. Todos los elementos estructurales descritos anteriormente son sólo los facilitadores e impulsores de este reajuste paradigmático y organizativo, porque sólo se utilizarán de forma sostenible y significativa si la mentalidad y la necesidad indiscutible de este tipo de gestión empresarial también llegan realmente a la mente de las personas que actúan.

1.3.1   Los cuadros de mando como factor de éxito de la GDD

Una vez establecido y disponible el modelo de datos básico para GBD, se generará una enorme cartera de gráficos y cuadros sobre mercados e industrias, que estarán disponibles al poco tiempo.

Esto conduce automáticamente al deseo de no tener que crear gráficos y resúmenes separados y generados manualmente para cada solicitud de investigación, porque esto cuesta una cantidad innecesaria de tiempo y, además, la rigurosidad y la coherencia también se resienten. Así pues, esta automatización, pero también la posterior replicabilidad, se producirá por sí sola. Al principio, en aras de la simplicidad, serán resúmenes de MS Excel los que representen por defecto las diferentes áreas de datos, con el fin de proporcionar una visión general claramente estructurada de un vistazo.

Una primera visión de conjunto de este tipo puede incluir, por ejemplo, las cinco áreas siguientes (Fig. 1.7):

Gestión basada en datos 23

- Área de selección con filtros por continentes, regiones y países individuales, para poder adaptar los contenidos de las otras cuatro áreas o acotarlos a las necesidades respectivas
- Datos generales del mercado

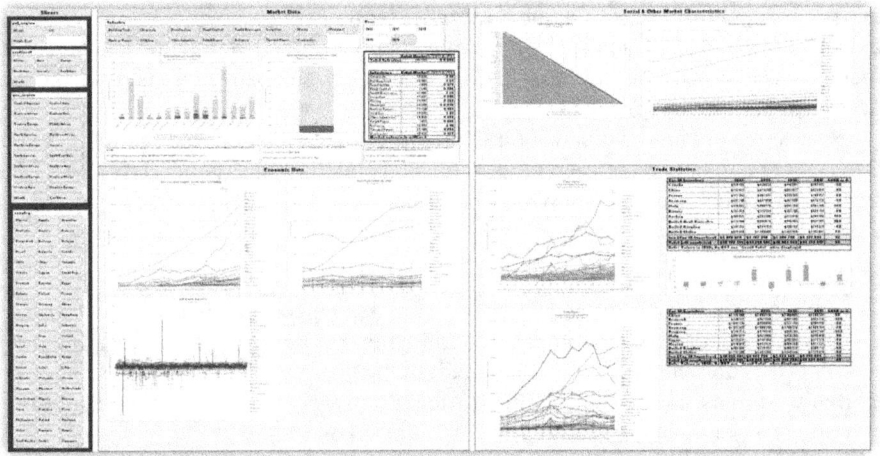

Fig. 1.7 Prototipo de cuadro de mando (fuente: representación propia)

- Datos socioeconómicos
- Datos económicos
- Estadísticas comerciales

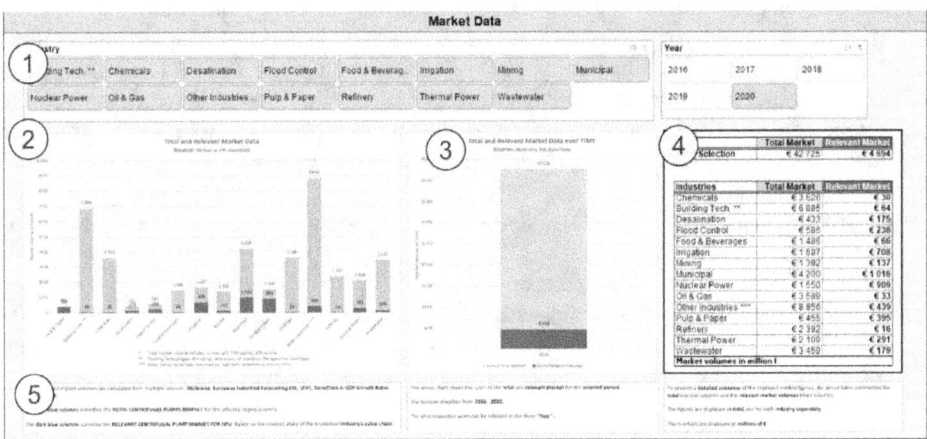

Fig. 1.8 Datos del mercado de la zona a partir del prototipo de cuadro de mando basado en Excel (Fuente: Seebacher 2021)

A partir de ahí, el área de datos de mercado (Fig. 1.8) puede contener a su vez su propia área de filtrado (1) para filtrar un sector específico (2) de una región o país, por ejemplo, que luego se muestra en forma de todo el mercado (claro), pero también relevante (oscuro) (3) y también se muestra numéricamente con una función de paso del ratón[1]. Las áreas tabulares (4) son adecuadas para mejorar la experiencia del usuario (UX), que a su vez representa la comparación gráfica (2) en cifras. La información adicional y las explicaciones se pueden mapear en áreas de metadatos separadas (5) y, por lo tanto, minimizar las consultas y las posibilidades de interpretación.

Se pueden encontrar muchas otras plantillas de cuadros de mando del GBD en Seebacher (2021), que también proporciona una buena visión general de las muchas opciones diferentes para la preparación de datos a lo largo del proceso de desarrollo del GBD.

> Consejo: Si la organización en cuestión tiene una especificación de diseño corporativo correspondiente, no debería ignorarse desde el principio. Aunque MS Excel no sea la herramienta paradigmática para realizar diseños sofisticados y "dignos de premio", ofrece suficiente margen para, al menos, cumplir con las especificaciones de diseño corporativo existentes.

1.3.2 Los datos de los clientes son esenciales para GBD

El siguiente paso es ampliar el modelo de datos para incluir los datos de los clientes. Una vez más, es aconsejable empezar poco a poco. Si la empresa no dispone de un sistema en el que se registren los datos relativos a los clientes, es posible empezar a recoger los datos iniciales de los clientes de forma sencilla y pragmática a partir de MS Excel. En cuanto al planteamiento de buscar dónde aprieta el zapato en términos de ventas, se puede acudir a un colega relevante y ofrecerle ayuda. Un primer paso puede ser una simple encuesta a los clientes para evaluar los indicios de un posible potencial de optimización en términos de procesos o productos. El resultado se puede evaluar y procesar fácilmente y representa la primera ganancia rápida. Esto debería mostrar por primera vez un valor añadido en el contexto de la gestión del desarrollo de productos (GBD) y ser puesto en conocimiento de la dirección en consecuencia.

Si se dispone de un CRM, se recomienda extraer los datos de clientes o productos específicos del CRM. Para ello es necesario acceder al sistema CRM, que puede estar disponible o no según la unidad organizativa en la que se encuentre. En este contexto, se pueden derivar de nuevo los siguientes escenarios iniciales:

- Escenario 1: El CRM no existe en la organización

---

[1] https://de.wikipedia.org/wiki/Tooltip. Consultado: 13 de abril de 2021

- Escenario 2: El CRM ya existe en la organización
    - o Escenario 2.1: El acceso al sistema CRM no está disponible
    - o Escenario 2.2: El acceso al sistema CRM está disponible

El escenario 2.2 es ideal, por supuesto, porque entonces todo lo que se necesita está disponible. Por lo tanto, se puede empezar y extraer datos de forma estructurada por primera vez, o recuperar datos del CRM en relación con las consultas de búsqueda que se van a procesar de forma situacional, para poder reconocer qué datos están realmente disponibles en el sistema CRM y cuáles no.

> Consejo: Llegados a este punto, merece la pena señalar el mayor escollo con respecto al sistema CRM (Seebacher 2020). El término CRM se utiliza a menudo sin diferenciar entre el contenido y las dimensiones técnicas del término o sistema. Esto suele llevar a discusiones sobre la soberanía del CRM. La soberanía técnica sobre el CRM en el marco del GBD no es en absoluto lo que se pretende o se desea, pero el trabajo con los datos relacionado con el contenido irá inevitablemente acompañado de un examen cualitativo más profundo del contenido del CRM. De este modo, se identificarán los escollos y la confusión relacionados con el contenido, pero también las oportunidades para optimizar la calidad de los datos y la facilidad de uso, que luego deberán aplicarse en el sentido de una inteligencia predictiva sostenible en coordinación con las distintas partes interesadas.

1.3.3 Conectar datos internos y externos

La conexión de los datos externos con los internos abre una dimensión de visión completamente nueva. Porque, de repente, se pueden habilitar relaciones causa-efecto, evaluarlas y luego discutirlas. Se pueden extraer los flujos de productos (Fig. 1.9) en relación con determinadas aplicaciones o sectores, lo que a su vez permite analizar por qué un producto se vende de forma desproporcionada en relación con una aplicación y el potencial de mercado correspondiente. Esta circunstancia, a su vez, proporciona nuevos conocimientos sobre las características del producto, que pueden optimizarse de forma selectiva y, a continuación, comercializarse activamente para otras aplicaciones como una *Propuesta Única de Venta* (PUE) hasta ahora desconocida.

Por otro lado, se pueden crear evaluaciones de convergencia más complejas en términos de mercados absolutos y relevantes y las proporcionalidades correspondientes (Fig. 1.10). Todos estos gráficos son sólo ejemplos, ya que con la realización de GBD paso a paso, surgirán muchas más vistas y evaluaciones creativas y específicas para cada situación junto con los colegas. En el nivel granular, todo gira en torno a campos de datos y registros que deben estar conectados por un criterio en un cubo de datos multidimensional (CDM). Esto significa que no es necesario transferir siempre un conjunto de datos completo, sino sólo componentes individuales del mismo. Si esto no se tiene en cuenta, el CDM se infla innecesariamente, lo que a su vez afecta al rendimiento del CDM y, por tanto, a la facilidad de uso.

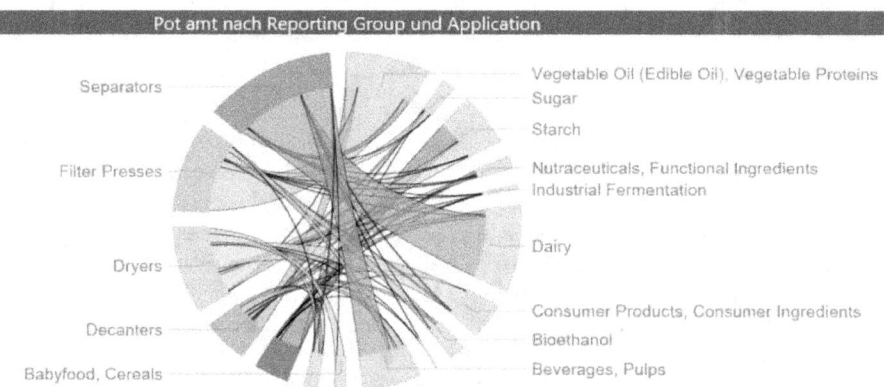

Fig. 1.9 Análisis del flujo de productos GBD a partir de datos externos e internos (fuente: Seebacher 2021).

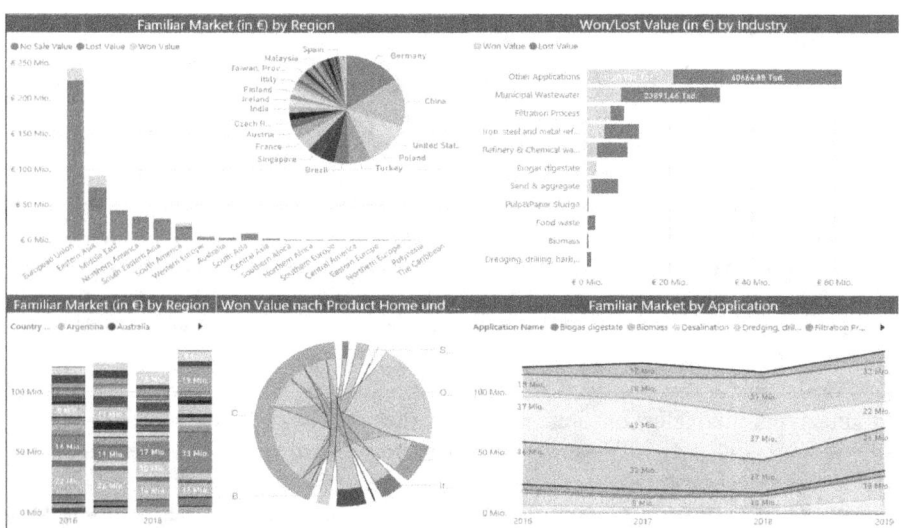

Fig. 1.10 Cuadro de mando de datos del mercado de clientes (fuente: Seebacher 2021)

1.3.4 Con la cadena de valor al mercado de referencia

Otro paso importante en la segunda etapa del modelo de desarrollo GBD es la integración de la visión de la creación de valor. El objetivo es identificar qué parte de la cadena de valor industrial se puede cubrir como empresa con la respectiva cartera de productos actual.

Las estadísticas muestran que el 80% de las empresas sólo pueden cubrir entre el 10% y el 30% de una cadena de valor industrial. Sin embargo, si se utilizan los datos de industrias enteras en el contexto del GBD, se obtiene una imagen completamente falsa, ya que el mercado *absoluto difiere* significativamente del *mercado relevante para* una empresa, es decir, aquel para el que la empresa respectiva también tiene los productos en su cartera. Por lo tanto, la distinción entre el mercado absoluto y el mercado relevante es esencial en lo que respecta a la validez y la precisión de los datos. Por lo tanto, el objetivo debe ser utilizar el análisis de valor añadido para extraer el mercado relevante para la propia empresa del respectivo mercado absoluto e integrarlo en el modelo de datos del GBD. En Seebacher (2021) se puede encontrar un procedimiento detallado y varios estudios de casos en este contexto.

1.4 Fase 3: Inteligencia empresarial interactiva-dinámica

Cuando se alcanza la tercera etapa del modelo de madurez, el amplio y significativo valor añadido de la gestión empresarial basada en datos se vuelve lenta y gradualmente más transparente. Ahora se trata de poder dedicar más atención al trabajo conceptual en el contexto de la gestión empresarial basada en datos y su desarrollo. Por lo tanto, es necesario centrarse en las siguientes tres áreas de actividad en el marco del tercer nivel del GBD:

- Red de usuarios clave (RUC)
- Integración de los datos del proyecto y los datos sobre la experiencia del cliente (CX) o la experiencia del usuario (UX) (Halb y Seebacher 2020)
- Ampliación de las actividades para incluir los análisis terciarios

Una *red de usuarios clave (*RUC) puede definirse y establecerse de forma muy rápida y eficaz. Para beneficiarse de este potente concepto de forma oportuna, hay que seguir los siguientes pasos:

- Definir los criterios de los usuarios clave (UC)
- Crear una descripción del GBD-RUC que incluya los objetivos, los beneficios y las tareas.
- Identificar y contactar con los usuarios clave
- Definir el contenido de la formación para los miembros de la RUC
- Producir contenidos de formación en forma de eLearning , podcasts o webinars

- Implantar la formación
- Activar la RUC y mantenerla informada

Además de seguir desarrollando las vistas y los diseños interactivos, hay que colmar las lagunas de datos restantes: datos sobre proyectos, clientes clave y experiencia del cliente. El área de proyectos se dirige principalmente a las organizaciones que tienen que lidiar con largos plazos de entrega, incluso en el ámbito de las grandes licitaciones y los grandes proyectos. Para estas organizaciones, es y puede ser de enorme importancia disponer también de esta información en el entorno GBD para estar siempre al día y también, bajo el aspecto del marketing basado en cuentas (ABM) (Bacon 2020), poder proporcionar a las organizaciones correspondientes e implicadas y a sus empleados que buscan información de la mejor manera posible en los respectivos medios y canales adecuados.

Además de los datos del proyecto, las migas sociales de los prospectos y clientes también deberían integrarse en el modelo de datos del GBD a más tardar en esta fase. De este modo, se puede obtener una visión global de 360° y esta información puede integrarse en la analítica general. Esta información es esencial, por un lado, para poder concluir la urgencia de una posible inversión en función del nivel de actividad y, por otro, para ver qué contenidos se consumen durante cuánto tiempo y a través de qué canal a través de los llamados *Momentos Interesantes*. Estas evaluaciones no sólo permiten al departamento de ventas reconocer dónde debe ser activo, sino que también dejan claro al departamento de marketing qué contenido rinde más, en qué forma, a qué hora del día, en qué región y a través de qué canal, y cuál rinde menos.

1.5   Fase 4: Inteligencia predictiva de modelado dinámico

Para empezar, la parte más difícil ya se ha dominado con éxito cuando se alcanza esta cuarta etapa, porque ahora sólo queda el patinaje libre. Para ello, sin embargo, es esencial haber comprendido e interiorizado plenamente los pasos y actividades descritos anteriormente, porque las actividades que se avecinan ahora requieren un conocimiento exhaustivo de todas las estructuras, procesos y conexiones existentes en la IP. En concreto, nos ocupamos ahora de tres áreas:

- Ampliación del entorno GBD con la inteligencia basada en plantillas
- Realización o validación de una arquitectura de nube GBD
- Integración de la Inteligencia Artificial (IA) en el entorno GBD

Siguiendo con la creciente automatización de los flujos de trabajo del GBD, en este nivel del modelo de madurez del GBD se pueden externalizar gradualmente tareas más extensas a los clientes internos mediante la inteligencia basada en plantillas. La inteligencia basada en plantillas (IBP) se basa en el enfoque de la gestión basada en plantillas (GBP) – en inglés nombre original como Template-based Management (TBM) (Seebacher y Garritz 2021) – y permite, por ejemplo, la creación o generación automatizada de un análisis económico completo en forma de flujo de trabajo apoyado en el GBD.

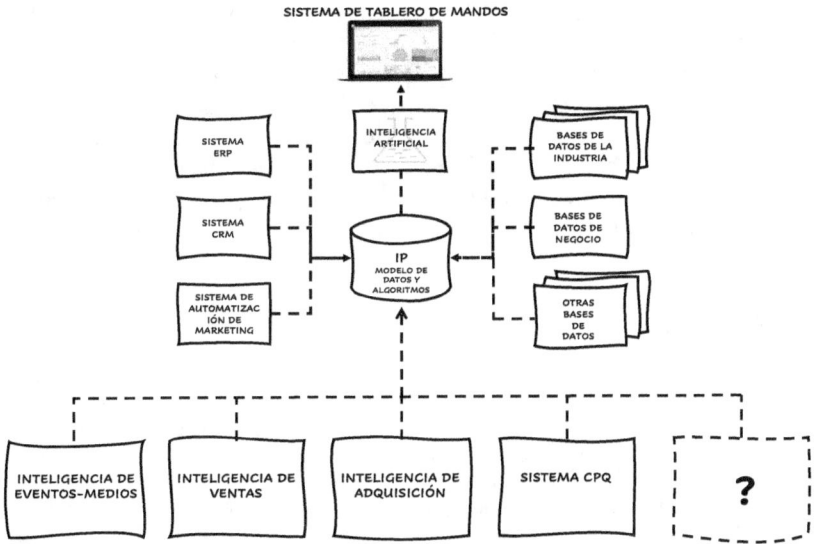

Fig. 1.11 Plano del GBD-IT (fuente: Seebacher 2021)

IBP puede utilizarse, entre otros, para los siguientes casos de uso:

- Estudios de acceso al mercado
- Análisis de diversificación de productos
- Análisis de *precios dinámicos*
- Planificación del programa de gestión de la innovación
- Cálculos de *inteligencia de compras*
- Planificación del lanzamiento de productos
- Planificación de programas de I+D

Además, el modelo de datos y el sistema de datos del GBD, ya muy avanzados, deberían situarse sobre una sólida base informática. Esto también debería hacerse con el trasfondo de que el potencial de la inteligencia artificial también debería utilizarse a más tardar en este momento. La figura 1.11 muestra una visión general de un entorno informático razonable y sostenible para la gestión basada en datos (Seebacher 2021). Esta infraestructura puede desarrollarse y surgir gradualmente a lo largo del tiempo sin necesidad de una inversión significativa.

1.6 Cuál es el factor de éxito decisivo

El éxito es el resultado de muchos pequeños pasos. Esto es también y especialmente cierto para el campo de la gestión basada en datos. Sólo se beneficiarán de forma eficiente y eficaz de la gestión de datos a largo plazo aquellas organizaciones que también consigan poner en marcha la gestión de datos de forma auténtica y orgánica en su propia organización. Esto significa que el desarrollo decisivo de la competencia debe tener lugar dentro de la organización y debe ser deseado e impulsado por ella. De lo contrario, corremos el riesgo de experimentar una evolución similar a la de los sistemas CRM, que a día de hoy no tienen la aceptación correspondiente en la mayoría de las empresas, pero tampoco aportan el valor añadido correspondiente.

Más información

Bacon, A. (2020). *Marketing basado en cuentas*. En U. Seebacher (Hrsg.), B2B marketing - A guidebook for the classroom to the boardroom. Cham: Springer.

Ermer, B. (2020). *Social Selling im B2B Marketing*. En U. Seebacher (Ed.), B2B marketing - A guía para el aula a la sala de juntas. Cham: Springer.

Halb, F., & Seebacher, U. (2020). *Experiencia del cliente y gestión de puntos de contacto*. En U. Seebacher (Hrsg.), B2B Marketing - A guidebook for the classroom to the boardroom. Nueva York: Springer.

Scheer, P., y Kasper, H. (2011). *Liderazgo y competencia social*. Múnich: Linde Verlag.

Seebacher, U. (2020a). *Marketing B2B - Una guía para el aula a la sala de juntas*. Cham: Springer.

Seebacher, U. (2020b). *El marketing B2B es esencial: cómo hacer que su marketing deje de ser un coste y se convierta en un motor de ventas* (2ª ed.). Graz: AQPS.

Seebacher, U. (2020c). *Gestión basada en plantillas - Una guía para una gestión eficiente e im-

El ecosistema conceptual de GBD 2

En esta sección se citan y describen de forma sencilla las expresiones más esenciales en el entorno de la GBD. El ámbito está sujeto a una dinámica exigente, por lo que esta visión general debe considerarse una instantánea. Se intenta centrar la atención en las expresiones per se establecidas y ampliamente utilizadas y no se mencionan las que se utilizan de forma selectiva en el contexto de dicha enumeración en aras de una visión general.

La gestión basada en datos ha evolucionado a partir del término Business *Intelligence* para responder a la necesidad no sólo de evaluar los hechos de forma prospectiva, sino de relacionarlos implícitamente de forma igualmente directa con decisiones concretas de gestión, en el sentido de recomendaciones válidas para las decisiones y acciones. El término "Business Intelligence" fue desarrollado por la consultora *Gartner en* 1989 y desde entonces se ha consolidado en el vocabulario de la gestión innovadora. El término Business Intelligence (BI) se refiere a las técnicas, procesos y habilidades necesarias para recoger y analizar la información y transformar los datos en información y conocimientos procesables.

En los últimos años, también ha surgido la terminología en torno a la *analítica empresarial*, lo que ha dado lugar al uso intercambiable y confuso de estos términos y otros similares. La creciente popularidad de esas y otras expresiones similares puede atribuirse a los rápidos avances en el campo del análisis de los hechos relacionados, por ejemplo, con *la in-memoria*, los *algoritmos avanzados, la inteligencia artificial* (IA) o el *aprendizaje automático,* etc., que han aumentado masivamente el rendimiento del software de inteligencia empresarial. Cada vez más y más modernas expresiones en el ámbito de la gestión empresarial moderna no contribuyen en todos los casos a una comprensibilidad obligatoriamente mejor y dificultan a la alta dirección la toma e iniciación de las decisiones adecuadas y necesarias para la propia empresa.

En el capítulo se utilizan a veces términos ingleses y alemanes. Esta selección se ha hecho en relación con la frecuencia de uso de los términos para mostrar al lector el término más común de esta lista.

2.1 Pruebas A/B

Este procedimiento describe la comparación y comprobación de diferentes medidas u opciones de actuación mediante el intercambio y la modificación de componentes, características, criterios o parámetros individuales. El procedimiento desempeña un papel decisivo en el contexto de la asignación de recursos.

2.2 Inteligencia Artificial (IA)

La Inteligencia Artificial (IA) se originó en el campo de la informática y, por lo tanto, es también una rama de la informática. La IA se ocupa de la automatización del comportamiento inteligente y del aprendizaje de las máquinas, machine learning, como se definirá más adelante. Una delimitación o definición exacta del término requeriría una definición precisa de "inteligencia" como base, que, sin embargo, no existe.

Las redes neuronales pueden considerarse las precursoras de la IA actual, ya que reproducen el cerebro filantrópico y lo mapean en el ordenador para replicar el funcionamiento del cerebro humano. El desarrollo cada vez más rápido de las prestaciones de los ordenadores permite que estas redes artificiales sean cada vez más potentes y alcancen una capacidad de aprendizaje similar a la del cerebro. Cuando la inteligencia artificial supere a la humana, se alcanzará el estado de la Singularidad Tecnológica.

En relación con la gestión basada en datos, la categoría de IA desempeñará un papel cada vez más importante. Sólo con la ayuda de la integración de la IA, el GBD puede calcular con mayor precisión los efectos de una línea de acción alternativa en el marco de la gestión empresarial, extrapolarla relacionalmente y, a continuación, identificar de forma constructiva nuevos parámetros que cambien con ello o se desarrollen en detrimento.

2.3 Red neuronal artificial (RNA)

Las redes neuronales artificiales (KNN) son redes de neuronas artificiales. Son objeto de investigación en neuroinformática y representan una rama de la inteligencia artificial. Las KNN y las RNA son cada vez más importantes en la gestión basada en datos, ya que son capaces de realizar predicciones cada vez más precisas. En la mayoría de los casos, las KNN se basan en la interconexión de muchas neuronas McCulloch-Pitts o versiones ligeras de las mismas, como la neurona de alto orden. La topología de una red en cuanto a la asignación de enlaces y nodos debe estructurarse en función del objetivo del proyecto definido para poder generar conocimiento con excedente de Big Data.

2.4 Aprendizaje por refuerzo

A diferencia del aprendizaje no supervisado y del supervisado, en los que los paquetes, una vez implementados, siguen utilizándose sin cambios, en el aprendizaje por refuerzo un modelo se nova a sí mismo constantemente más allá de esto, incorporando rápidamente las soluciones generadas como retroalimentación en el modelo desde cero.

2.5 Métricas de evaluación

Una vez definido e implementado el modelo, hay que evaluar su precisión en función de las predicciones del modelo, es decir, la precisión de la inteligencia predictiva (PI). Esto significa que se comparan los métodos básicos de IP para determinar cuál de los diferentes métodos puede utilizarse para generar la mejor predicción para la situación o el problema definido. Los tres indicadores de evaluación más comunes son:

- Indicadores de clasificación: Esta categoría incluye el porcentaje de predicciones correctas (como método de evaluación más sencillo) y la llamada matriz de verdad o matriz de confusión.
- Métrica de regresión: La raíz cuadrada media determina el error de predicción como la diferencia entre el valor predicho y el valor real.

2.6 Datos Masivos

Este término tiene su origen en el mundo anglosajón y, a grandes rasgos, se refiere a los datos que son demasiado grandes, complejos, rápidos o débiles para ser analizados con métodos de procesamiento de datos manuales y convencionales (Christl 2014). En el sentido más estricto, el término Big Data se refiere al procesamiento de cantidades de datos grandes, complejos y que cambian rápidamente. En el sentido más estricto, el término se refiere a un tipo de datos definido con precisión, y "grande" se refiere a las cuatro dimensiones

- volumen (alcance, volumen de datos),
- *velocidad* (velocidad a la que se generan y transfieren los volúmenes de datos),
- *variedad* (gama de tipos y fuentes de datos) y
- veracidad (autenticidad de los datos).

2.7 Análisis de negocio vs. análisis de negocio

Basándose en la similitud de términos como análisis de negocio y análisis de negocio, resulta claro y comprensible definir la importancia y el significado de los términos técnicos relacionados y utilizados. El propósito del análisis de negocio (BA) es entender las estructuras y el proceso de un negocio (IIBA® International Institute of Business Analysis 2017). Se sugieren acciones y recomendaciones que permiten a la organización abordar las deficiencias en la estructura y la organización de los procesos. Algunos ejemplos son la optimización de los flujos de trabajo, los cambios organizativos y, en particular, el uso de herramientas informáticas.

La analítica empresarial se basa en el llamado proceso de optimización de datos. Es una herramienta estratégica para la gestión y el control de las empresas modernas. Como aspecto importante de la gestión basada en datos, su propósito no es solo dar respuesta a la pregunta "¿Qué fue en el pasado?", sino también "¿Qué será en el futuro?".

2.8 Inteligencia empresarial (BI)

La definición de Business Intelligence (BI) es el proceso de recogida, tratamiento y suministro de datos para la toma de decisiones (Chamoni y Gluchowski 2006). En el contexto de la gestión empresarial, suele basarse en instrucciones estándar con indicadores clave coherentes para su medición y análisis. Como parte de la inteligencia empresarial, se debe utilizar una estructura de informes consistente y predefinida para responder a preguntas predefinidas basadas en cuadros de mando. Esto puede lograrse a través de un acceso indirecto o manual, o de fuentes de datos multidimensionales parcial o totalmente automatizadas, de bases de datos y de agregación de sistemas.

2.9 Análisis en la nube

Este término describe un modelo de servicio en el que parte del análisis de datos se realiza en una nube pública o privada y se obtienen resultados a partir de ella. En la mayoría de los casos, las aplicaciones de análisis en la nube ofrecen modelos de precios basados en el uso. La conexión entre empresas y usuarios a través de Internet está cambiando la analítica en la nube en términos de economía de mercado laboral.

Por lo tanto, la analítica en la nube se refiere a todos los procesos analíticos en los que uno o más de los elementos se implementan o se implementarán en la nube. Algunos ejemplos de productos y servicios de analítica en la nube son los almacenes de datos alojados, el BI SaaS (software as a service business intelligence) y la analítica de medios sociales en la nube. Actualmente, Mechanical Turk de Amazon u oDesk son los sistemas más utilizados en este ámbito.

2.10 Análisis de medios sociales en la nube (CSMA)

La analítica de medios sociales basada en la nube implica el uso de varias herramientas no sólo para identificar la mejor plataforma y el mejor sitio para una tarea u objetivo definido, sino también para identificar aplicaciones individuales para la transferencia de datos, la captura, los servicios de almacenamiento y el software de análisis de datos.

2.11 Abastecimiento en la nube

Este término se compone de *computación en la nube* y *externalización*, que definen la adquisición externa de servicios, datos y soluciones de TI desde el entorno de la nube. De hecho, el aprovisionamiento en la nube es una parte importante de la estrategia actual de adquisición de TI híbrida. Se puede comparar el aprovisionamiento en la nube con la subcontratación. Sin embargo, hoy en día el coste de los servicios de aprovisionamiento en la nube se basa principalmente en un modelo de uso (pago por uso) más que en un contrato anual o mensual. En el contexto de la GBD, el término se refiere a las aplicaciones, datos, herramientas o funciones que se van a adquirir del exterior. Los aspectos a tener en cuenta son la seguridad, el rendimiento, el coste y la estrategia informática de la empresa correspondiente. Por lo tanto, puede definirse sistemáticamente y utilizarse de forma óptima durante un largo periodo de tiempo combinando adecuadamente elementos de hardware y software internos y externos.

2.12 Agrupación

El clustering, un análisis de conglomerados, se refiere a un procedimiento de identificación de grupos mediante un algoritmo llamado de clustering. Algunas publicaciones también utilizan el término análisis de agregación, que se deriva de una representación gráfica, donde el resultado puede ser una agregación de uno o más puntos de datos. Se trata del proceso de encontrar estructuras similares en grandes bases de datos. Los grupos de objetos "similares" encontrados de este modo se denominan clusters, y las asignaciones de grupos se denominan agrupaciones. El grupo de similitudes encontrado puede ser de teoría de grafos, estratificación, partición u optimización.

2.13 Análisis de datos

El análisis de datos utiliza métodos estadísticos para generar información de valor añadido a partir de los datos. Se distinguen tres modelos diferentes de análisis de datos:

- **Análisis de datos descriptivos**: representar los datos de una muestra o población mediante ratios o gráficos.
- **Análisis inferencial de datos**: Inferir desde la muestra a las características de la población no muestreada.
- **Análisis exploratorio de datos**: identificar las relaciones entre las diferentes variables.
- **Análisis de datos basado en el contexto**: identificar constelaciones en datos relacionados con el contenido.

2.14 Limpieza de datos

La limpieza de datos también se denomina *edición de datos*. Un proceso importante en este contexto es la identificación de registros de datos duplicados, que se refiere al reconocimiento y la fusión de los mismos registros de datos -duplicados- y la fusión de datos como la fusión y la finalización de datos incompletos. La limpieza de datos se centra en optimizar la calidad de la información.

Lo ideal es que esto se haga al principio de las acciones en el contexto de la GDD para asegurar y poder garantizar que los resultados y conclusiones realizados son válidos y fiables.

2.15 Lago de datos

El lago de datos se refiere a una gran cantidad de datos en bruto para los que aún no se ha definido ningún uso. La diferencia con el almacén de *datos* clásico [2] es que en este tipo de *almacén* los datos están estructurados y filtrados para un propósito ya definido o una tarea específica.

2.16 Minería de datos

Este término se utiliza como anglicismo, por lo que aún no existe un término alemán para este término. *La minería de datos se refiere a* la aplicación sistemática de los métodos de la estadística clásica a grandes conjuntos de datos. El objetivo de la minería de datos es obtener nuevos conocimientos de los conjuntos de datos en cuanto a correlaciones, conexiones cruzadas o tendencias. Debido a su tamaño, los grandes conjuntos de datos tienen que ser procesados por ordenador. En los últimos años, la minería de datos se ha convertido cada vez más en un subconjunto del proceso más amplio de *descubrimiento de conocimientos en bases de datos (KDD)*. Mientras que el KDD también incluye pasos como la limpieza y el preprocesamiento de datos, así como la evaluación, la minería de datos se limita al paso de procesamiento propiamente dicho del proceso (Fayyad et al. 1996).

2.17 Ciencia de los datos

La ciencia de los datos define la extracción del conocimiento a partir de los datos (Dhar 2013) como una ciencia interdisciplinar. El término ha existido desde la década de 1960 como un reemplazo para el término "ciencia de la computación" y fue utilizado por primera vez libremente por Peter Naur en 1974 en el Concise Survey of Computer Methods .

Todo proyecto de ciencia de datos debe incluir siempre los cuatro pasos siguientes: primero, hay que procesar y preparar los datos. A continuación, se seleccionan

---

[2] https://en.wikipedia.org/wiki/Data_Warehouse. Consultado: 12 de abril de 2021

los algoritmos adecuados, seguidos de la optimización de los parámetros de los algoritmos. Sobre esta base, se derivan los modelos, de cuya comparación -evaluación y validación- se identifica entonces el mejor para la situación (Ng y Soo 2018).

2.18 Científico de datos

La descripción del puesto de trabajo de un científico de datos es todavía muy joven y los cursos de formación correspondientes solo se han ofrecido de forma muy esporádica hasta la fecha. A menudo, la formación para convertirse en un científico de datos está vinculada a una educación existente en el campo de la economía, la informática o la estadística, lo que tiene un efecto positivo en la empleabilidad (Güpner 2015).

2.19 Aprendizaje profundo

El aprendizaje *profundo es* el término utilizado en la literatura actual para describir *el aprendizaje profundo.* Es un método de aprendizaje automático que utiliza redes neuronales artificiales (KNN) (Borgelt et al. 2003). Estas KNN están dotadas de múltiples capas, o *capas ocultas,* entre la capa de entrada y la de salida, definiendo así una amplia estructura interna. El aprendizaje profundo sólo ha ganado importancia en el curso reciente de los desarrollos de la inteligencia artificial.

2.20 Análisis descriptivo

En este contexto es importante la distinción entre los términos análisis y analítica. La diferencia entre análisis y analítica es que la ciencia que se ocupa de realizar el análisis de un hecho u objeto se llama analítica, en el sentido figurado de un metaanálisis. Así, el término analítica descriptiva se refiere a una evaluación descriptiva de los análisis fundamentales.

2.21 Análisis descriptivo

El análisis descriptivo se inscribe en el ámbito de la estadística descriptiva. El análisis descriptivo de datos tiene un carácter exclusivamente descriptivo, que deriva de la palabra latina "describere" en el sentido de "describir".

2.22 Modelos descriptivos

Los modelos descriptivos establecen conexiones y relaciones en conjuntos de datos definidos en términos de agrupaciones y clasificaciones. A diferencia de los modelos predictivos, los modelos descriptivos se ocupan de reconocer e identificar dependencias, relaciones e interrelaciones resistentes. Se trata de identificar dependencias e interdependencias para poder fundamentar y representar posibles cuestiones de gestión empresarial no sólo unidimensionalmente, sino multidimensionalmente sobre esta base.

2.23 Informes de excepción

Las modernas infraestructuras de inteligencia empresarial no sólo generan informes definidos y datos agregados, sino que también permiten activar el suministro automático de información cuando se alcanzan o superan los umbrales definidos (Felden y Buder 2012, p. 17ss).

2.24 Extrapolación

Este término se refiere a una extrapolación o determinación de un comportamiento mayoritariamente matemático, como una serie de números en un periodo de tiempo definido, más allá del rango (de datos) asegurado o existente. Se pueden definir las siguientes variantes:

- Extrapolación estática
- Extrapolación dinámica
- Extrapolación monodimensional
- Extrapolación multidimensional

2.25 Modelos funcionales o modelización

Con el modelo funcional, la atención se centra en transformar o modificar los datos. Los modelos funcionales también pueden integrarse en las aplicaciones operativas y los productos de datos para proporcionar capacidades de análisis en tiempo real.

2.26 Clúster Hadoop

Un clúster *Hadoop* es un enlace coordinado de hardware para lograr una mayor capacidad de procesamiento de grandes conjuntos de datos no estructurados. Los clústeres Hadoop funcionan según un *modelo maestro-esclavo*, un modelo de protocolo de comunicación en el que un dispositivo o proceso, denominado *maestro*, controla uno o más dispositivos o procesos, definidos como *esclavos*.

2.27 Recolección

En el contexto de la gestión orientada a los datos, cosechar significa *recolectar* datos o información. El término *Information Harvesting* (IH) fue establecido por Ralphe Wiggins (1992) como un intento de derivar reglas de conjuntos de datos. En este contexto, el IH también puede considerarse una forma de aprendizaje automático y entra en el ámbito de la actual *minería de datos*.

2.28 Análisis de componentes principales (PCA)

Este término se refiere al método de identificación de las variables por las que se pueden desglosar mejor los puntos de datos. Es un método de reducción de la dimensionalidad, ya que los datos pueden describirse mediante un conjunto más pequeño de variables, los componentes principales. Dichos componentes principales también pueden entenderse como dimensiones a lo largo de las cuales los puntos de datos están más distribuidos (Fig. 2.1), donde un componente principal puede ser expresado por una o más variables. Cada componente principal representa una suma ponderada de las variables originales.

El método PCA es el más adecuado cuando las dimensiones más informativas tienen la mayor dispersión en los datos y además son perpendiculares a todas las demás.

2.29 En la muestra

Este término se refiere a las unidades de muestra o registros que están directamente relacionados con una muestra de datos que se está procesando. Lo contrario se define con el término *fuera de muestra*.

2.30 Agrupación de k-Means

Este término define una técnica de aprendizaje supervisado. La técnica agrupa puntos de datos similares en grupos llamados clusters. En este contexto, k especifica cuántos grupos se van a asignar.

2.31 k-vecinos *más* cercanos

Este método también suele denominarse kNN o detección de valores atípicos. Sin embargo, no debe confundirse con KNN, Redes Neuronales Artificiales. *k-nearest* neighbors (kNN) es un algoritmo para clasificar un punto de datos basado en las propiedades de sus vecinos. La propia "k" es, a su vez, un parámetro que representa el conjunto de vecinos más cercanos utilizado por el algoritmo. Por lo tanto, un valor óptimo de k es el que asocia los puntos de datos con un número medio razonable de vecinos. Además, este método también puede utilizarse para predecir valores de datos continuos mediante la agregación de los valores de los vecinos más cercanos.

2.32 Clasificación

También se utilizan términos técnicos como *tipificación* o *sistemática* para el término clasificación. El objetivo es establecer una visión general de los objetos ordenados en un conjunto de datos y permitir la búsqueda temática para desarrollar un orden. Se trata de una generación planificada de clases abstractas para permitir una delimitación o desarrollar un orden. En este contexto, los términos *clasificación* o *asignación de clases se refieren a* la aplicación de una clasificación a un objeto mediante la selección de una clase adecuada de una clasificación definida y determinada. En el ámbito de la gestión basada en datos, se distingue entre clasificación *conceptual*, *clasificación deductiva* y clasificación *cualitativa*.

2.33 Método de Lovaina

Este método es un procedimiento para detectar clusters en una red. Se remonta a un grupo de investigadores dirigido por Blondel et al. (2008) de la Universidad de Lovaina. El método prueba diferentes configuraciones de agrupaciones para maximizar el número y la fuerza de las aristas entre los nodos del mismo clúster y minimizar el número y la fuerza de las aristas entre los nodos de diferentes clústeres. El grado de cumplimiento de este criterio se denomina modularidad, y la asignación óptima a un clúster es la que presenta la mayor modularidad.

2.34 Aprendizaje automático

El aprendizaje automático es un término genérico para la generación de conocimiento a partir de la experiencia utilizando métodos "artificiales". Para ello, se utilizan algoritmos especiales para aprender de grandes cantidades de datos, de Big Data. Se utilizan modelos estadísticos adecuados, que se basan en datos de entrenamiento. Mediante la llamada transferencia de aprendizaje, estas experiencias de aprendizaje pueden aplicarse posteriormente también a datos desconocidos y someterse así a una evaluación. Si una máquina falla en un conjunto de datos desconocidos, se utiliza para ello el término overfitting.

El aprendizaje automático distingue entre enfoques *simbólicos* y *no simbólicos* y enfoques *algorítmicos,* que a su vez se dividen en aprendizaje supervisado y no supervisado. En lo que respecta al Data Driven Management, es fundamental tener en cuenta el aprendizaje automático porque, en el curso del desarrollo posterior, el modelo de madurez subyacente al Data Driven Management hará en cualquier caso que esta tecnología sea cada vez más importante.

2.35 Extracción de características

Si primero hay que extraer las variables adecuadas para un cálculo, esto se denomina extracción de características. No sólo se pueden reagrupar los valores de una sola variable, sino que se pueden agrupar múltiples variables, lo que se denomina reducción de la dimensión. Con este proceso, es posible extraer la información más interesante y útil de un gran número de variables y, a continuación, analizarla utilizando un conjunto más reducido de variables.

2.36 Modelado

La modelización se define generalmente como el desarrollo, la conformación o la producción de un modelo. El resultado de la modelización es la *provisión de modelos, a* la que sigue la supervisión de los mismos. En relación con el campo de la MDT, dos de estas áreas son especialmente relevantes: la informática y la algoritmia.

2.37 Seguimiento del modelo

La monitorización de modelos define la sección de aprendizaje automático después del despliegue de los modelos. Dentro de la monitorización de modelos, se supervisan los errores, los fallos y las incoherencias, así como las latencias. La monitorización de modelos debe garantizar que los resultados alcancen un nivel cada vez más alto en términos de *objetividad, fiabilidad* y *validez, para* contribuir de la mejor manera posible a la gestión empresarial de rendimiento optimizado y riesgo minimizado.

La importancia de la supervisión de los modelos surge del fenómeno de la *deriva del modelo*, también conocido como decadencia del modelo, que se refiere al deterioro del poder de salida y predicción de un modelo.

2.38 Unidades de muestra

Las unidades de la muestra son unidades en conjuntos de datos que se utilizan para el desarrollo, la evaluación, la optimización y la validación de modelos en el contexto de la gestión basada en datos. Se distingue entre unidades de muestra dentro de la muestra (véase In-Sample) y fuera de la muestra (véase Out-Of-Sample).

2.39 Redes neuronales

Las redes neuronales representan la base del moderno reconocimiento automático de imágenes. Hay tres factores principales que las hacen relevantes para la gestión basada en datos:

- Almacenamiento y disponibilidad de datos optimizados
- Aumento y rápida evolución de la potencia informática
- Nuevos algoritmos

Las redes neuronales utilizan o trabajan en capas, donde el resultado de una capa representa la entrada para la siguiente. Se distinguen los siguientes tipos de capas:

- Capas de entrada
- Capas intermedias o capas ocultas
- Capas de salida
- Capas de pérdida

2.40 Fuera de la muestra

En contraste con el término dentro de la muestra, las unidades de muestra o de formación en muestras con atributos conocidos pero con propiedades causales desconocidas se denominan fuera de la muestra. Estas unidades fuera de la muestra no están necesariamente relacionadas con las unidades de la muestra de entrenamiento en términos de lógica de contenido.

2.41 Parámetro

Los parámetros son formas de cambiar los ajustes de un algoritmo, como en el caso de una cocina en la que se ajusta la temperatura de una sola placa. Este hecho lleva a que un mismo algoritmo pueda ofrecer resultados diferentes en función de cómo se configuren sus parámetros. Dado que en el ámbito de la gestión basada en datos los modelos suelen ser muy potentes y complejos, la complejidad puede mantenerse bajo control mediante el proceso de regularización.

2.42 Análisis predictivo

El análisis predictivo (AP) es un subcampo y también uno de los pilares del *análisis empresarial*. El análisis predictivo se inscribe en el ámbito de la *minería de datos*. El AP se utiliza para calcular las probabilidades del futuro e identificar las tendencias correspondientes. Mediante el uso de los llamados *predictores* (véase el apartado 2.44 correspondiente), estas predicciones sobre el futuro pueden realizarse con gran precisión. Utilizando varios predictores diferentes, se crea un modelo de predicción para calcular eventos probables.

En los últimos años, la AP también se ha establecido en el contexto del *marketing predictivo de beneficios* (Seebacher 2020). La AP implica la aplicación de técnicas de análisis estadístico, consultas analíticas y algoritmos automatizados de aprendizaje automático a conjuntos de datos.

En general, la AP distingue entre tres modelos, que se analizan con más detalle en las distintas secciones del Ecosistema PI:

1. Modelos de predicción o modelos predictivos (véase Modelos predictivos)
2. Modelos descriptivos (véase Modelos descriptivos)
3. Modelos de decisión

2.43 Modelos predictivos o modelización

Los modelos predictivos utilizan métodos de las matemáticas y la informática. Se trata de la predicción de eventos o resultados futuros. Estos modelos se desarrollan en un proceso iterativo con un conjunto de datos de entrenamiento y patrones de entrenamiento, y se prueban y evalúan con respecto a la precisión de las predicciones generadas. En los últimos años, las tecnologías del campo de la inteligencia artificial y el aprendizaje automático también se han utilizado cada vez más en el ámbito de los modelos de predicción con el fin de identificar el más óptimo y válido de entre varios modelos.

2.44 Predictores

Los predictores son variables de una ecuación que se utilizan para predecir eventos futuros.

2.45 Análisis prescriptivo

La analítica prescriptiva puede definirse como un subconjunto de la analítica de datos en el que se utilizan modelos predictivos para sugerir acciones concretas. Estas acciones recomendadas están, a su vez, contextualmente alineadas con el resultado óptimo en cada caso, que se describió o determinó como parte de la definición del proyecto realizada inicialmente. El análisis prescriptivo se basa en técnicas de optimización y de toma de decisiones basadas en reglas. La analítica prescriptiva añade un elemento de tiempo real a los resultados de la analítica predictiva mediante la aplicación de acciones a los eventos. Artun y Levin (2015) definen tres métodos de análisis prescriptivo:

- Aprendizaje no supervisado (modelos de agrupación)
- Aprendizaje supervisado (modelos predictivos)
- Aprendizaje por refuerzo (modelos de recomendación)

2.46 Marketing predictivo

Hasta ahora, este término no se ha utilizado de forma congruente en la literatura, ni se ha definido definitivamente en consecuencia. Artun y Levin (2015) escriben al respecto:

> "El análisis predictivo se refiere a un conjunto de herramientas y algoritmos utilizados para permitir el marketing predictivo. Es un término general que engloba una serie de técnicas matemáticas y estadísticas para identificar patrones en los datos o hacer predicciones sobre el futuro. Cuando se aplica al marketing, el análisis predictivo puede predecir el comportamiento futuro de los clientes, categorizarlos.... en grupos y en otros casos de uso. El marketing predictivo es el matrimonio perfecto entre el aprendizaje automático y la inteligencia humana. "

Molly Galetto, de NG Data, define así el marketing predictivo: [3]

> "El marketing predictivo es una técnica de marketing que utiliza el análisis de datos para determinar qué estrategias y promociones de marketing tienen más probabilidades de éxito. Tiene su lugar en el panorama de la tecnología de marketing (MarTech), ya que las empresas utilizan datos empresariales generales, datos de la actividad de marketing y ventas, y algoritmos matemáticos para cotejar patrones y determinar los criterios más adecuados para sus próximas acciones de marketing. Las empresas que adoptan esta estrategia se esfuerzan por tomar decisiones basadas en datos para obtener mejores resultados. "

Así, Galetto ofrece una definición de aplicación general, que al mismo tiempo permite la transferencia al ámbito más amplio de la gestión empresarial y la estrategia que le corresponde. Se centra en las decisiones basadas en datos para lograr mejores resultados, desde el marketing pero, por supuesto, en relación con toda la empresa.

2.47 Inteligencia en materia de adquisiciones

La Inteligencia de Aprovisionamiento (ProcI) está estrechamente vinculada a la gestión empresarial basada en datos. Procurement Intelligence también se basa en un cubo de datos multidimensional estructurado por aplicaciones, sectores y regiones, que divide a grandes rasgos a los posibles proveedores en tres categorías objetivo: precio, plazo de entrega y requisitos especiales en cuanto a tamaño, procesamiento, material, etc. ProcI también se basa en un cubo de datos estructurado por aplicaciones, industrias y regiones.

ProcI pondera automáticamente la información relevante y, por tanto, ofrece siempre una selección de proveedores potenciales relevantes, más rápida, más válida y siempre actualizada. La inteligencia de aprovisionamiento se define como sigue (Seebacher 2021):

---

[3] https://www.ngdata.com/what-is-predictive-marketing/. Accedido y traducido: 12 de abril de 2021

"La inteligencia de compras es la recopilación, el procesamiento y la validación basados en las tecnologías de la información del suministro interactivo de datos e información sobre los proveedores pertinentes, con el fin de poder lograr siempre un rendimiento óptimo de las compras (RoP) en función de la situación y de los distintos criterios de precio, plazo de entrega y requisitos especiales en materia de gestación."

2.48 Forrest aleatorio

El término se basa en la hipótesis de que la combinación de modelos mejora la precisión de la predicción. Dicha combinación se denomina *ensembling* o *aprendizaje por conjuntos*. Un ensamble se refiere a un conjunto de árboles de decisión, donde el conjunto en este contexto es un modelo predictivo agregado y sinérgico. Este modelo se crea combinando muchos modelos individuales diferentes, ya sea mediante la votación por mayoría o el promedio. En el marco de Random Forrest se utilizan dos métodos:

- La agregación Bootstrap genera un gran número de árboles de decisión no correlacionados mediante la eliminación aleatoria de algunas variables.
- El ensamblaje combina varios árboles de decisión o sus predicciones mediante métodos matemáticos, ya sea la votación por mayoría o el promedio.

2.49 Análisis de regresión

Este método identifica la llamada línea de tendencia óptima [4], que toca el mayor número posible de puntos de datos o se aproxima lo más posible a ellos. Esta línea de tendencia se calcula utilizando combinaciones ponderadas de *predictores,* donde los coeficientes de regresión en este contexto denotan las ponderaciones correspondientes.

2.50 Regularización

Este término se refiere a una forma de controlar la complejidad de un modelo introduciendo un parámetro llamado *de penalización*. Dicho parámetro "castiga" cualquier complicación de un modelo aumentando artificialmente el error de predicción.

---

[4] Línea de tendencia de mejor ajuste o línea de regresión

2.51 Patrón de entrenamiento

Las muestras de entrenamiento se utilizan en el análisis predictivo para procesar y optimizar los modelos descriptivos. En este contexto, se distingue entre unidades dentro y fuera de la muestra, que también se definen en esta sección.

2.52 Aprendizaje no supervisado

Esta forma de aprendizaje se utiliza en el campo del aprendizaje automático, como *el Deep Learning,* donde el aprendizaje en las jerarquías o capas ocultas en el sistema no puede ser rastreado desde el exterior. El aprendizaje no supervisado define, por tanto, el aprendizaje automático sin valores objetivo conocidos ex ante. Las máquinas intentan detectar patrones en los datos que se desvían del resto de la población de datos sin estructura (Hinton y Sejnowksi 1999). En el aprendizaje no supervisado se pueden aprender varias cosas, pero lo más importante es que la segmentación automática (clustering) y la compresión de datos para la reducción de la dimensionalidad encuentran aplicación.

2.53 Aprendizaje supervisado

A diferencia del aprendizaje no supervisado, en el aprendizaje supervisado un algoritmo de aprendizaje definido de antemano trata de encontrar una hipótesis que prediga con la mayor precisión posible. Por tanto, este método está guiado por una tarea a aprender que se define de antemano y cuyos resultados se conocen. Los resultados del proceso de aprendizaje se comparan con los resultados conocidos y correctos, es decir, "supervisados" (Müller y Guido 2017). En el aprendizaje supervisado se utilizan, entre otros, los siguientes métodos:

- Regresión lineal
- Regresión logística
- Clasificador Bayes
- Clasificador Naive Bayes
- Clasificación del vecino más cercano
- Análisis discriminante
- Red neuronal artificial

2.54 Validación

Este término se refiere a la prueba de la precisión con la que un modelo genera predicciones para los nuevos datos. Este enfoque puede utilizarse para determinar el mejor modelo en el contexto del GBD que proporciona las predicciones más precisas para el conjunto de datos de prueba.

2.55 Variables

En el lenguaje formal, el término en lógica se refiere a un marcador de posición para diferentes expresiones. En el contexto de la gestión basada en datos, se utiliza para definir un marcador de posición para incógnitas, indeterminaciones o variables en formulaciones, fórmulas e incluso algoritmos. Existen cuatro tipos básicos de variables, que Seebacher (2021) describe e interpreta con más detalle:

- Binario
- Cualitativo
- Entero o discreto
- Estabilidad

2.56 La dinámica del mundo conceptual GBD

La vida media en la práctica actual, pero también en la ciencia, se caracteriza por una dinámica creciente. En este capítulo se han tratado de forma breve y concisa los términos más importantes actualmente en el contexto de la gestión basada en datos.

La gestión basada en datos es una disciplina joven en la que cada vez se reúnen más expertos de una gran variedad de disciplinas para poder proporcionar a las empresas y a sus directivos la base necesaria para una gestión y un control empresarial sostenibles y responsables en el sentido de cumplir los principios económicos básicos. En este punto, no se puede afirmar que sea completa, ya que la única constante es el cambio.

Más información

Artun, Ö., y Levin, D. (2015). *Predictive marketing-Easy ways every marketer can use*. Hoboken: Wiley.

Blondel, V. D., Guillaume, J.-L., Lambiotte, R., & Lefebvre, E. (2008). *Fast unfolding of communities in large networks*. Journal of Statistical Mechanics: Theory and Experiment, 2008(10), P10008.

Borgelt, C., Klawonn, F., Kruse, R., & Nauck, D. (2003). *Neuro-fuzzy systems-From the foundations of artificial neural networks to coupling with fuzzy systems*. Cham: Springer.

Bruderer, H. (2018). *Invención del ordenador, ordenador de electrones, desarrollos en Alemania, Inglaterra y Suiza*. En Milestones in computing technology (2ª edición completamente revisada y muy ampliada. Vol. 2). Múnich: De Gruyter.

Chamoni, P., y Gluchowski, P. (2006). *Sistemas de información analítica: Business intelligence technologies and applications* (3ª ed.). Berlín: Springer. Christl, W. (2014, noviembre). La vigilancia digital comercial en la vida cotidiana. PDF. en: crackedlabs.org, p. 12.

Dhar, V. (2013). *Ciencia de los datos y predicción*. Communications of the ACM, 56(12), 64.

Dinter, B., y Winter, R. (Eds.). (2008). *Logística de la información integrada (ingeniería empresarial)*. Heidelberg: Springer.

Escoufier, Y., y otros (1995). Prefacio. En Data science and its application (en inglés). London: Academic Press.

Fayyad, U. M., Piatetsky-Shapiro, G., & Smyth, P. (1996). *From data mining to knowledge discovery in databases*. AI Magazine, 17(3), S. 37-54.

Felden, C., y Buder, J. (2012). *El apoyo a la decisión en las sociedades de red*. Information Systems, 1, pp. 17-32.

Forbes. (2013). Una historia muy breve de la ciencia de los datos. Nueva Jersey: Gil Press.

Gareth, J., Witten, D., Hastie, T., & Tibshirani, R. (2017). *An introduction to statistical learning with applications in R*. Nueva York: Springer.

Güpner, A. (2015). Soy una estrella-¡Déjame entrar aquí! El libro de la carrera para el comienzo perfecto de la misma. Múnich: USP International.

Hinton, G., & Sejnowski, T. J. (Hrsg.). (1999). *Unsupervised learning: Foundations of neural computation*. Cambridge: MIT Press.

IIBA® Instituto Internacional de Análisis Empresarial. (2017). *Guía BABOK® v3 para el análisis empresarial Guía BABOK® 3.0* (3ª edición ampliada). Giessen: Verlag Dr. Götz Schmidt.

Müller, A. C., & Guido, S. (2017). Introducción al aprendizaje automático con Python: ciencia de datos de conocimiento práctico. Heidelberg: O'Reilly.

Ng, A., & Soo, K. (2018). La ciencia de los datos: ¡qué es! Algoritmos de aprendizaje automático. El aprendizaje explicado de forma comprensible. Berlín: Springer.

Reichert, R. (2014). Big Data: Análisis sobre la transformación digital del conocimiento, el poder y la economía. Bielefeld: Transcript Verlag.

Rifkin, J. (2019). The global Green New Deal: Why fossil-fueled civilization will collapse around 2028-and a bold economic plan can save life on Earth. Frankfurt: Campus Verlag.

Seebacher, U. (2020). Marketing B2B: Una guía desde el aula hasta la sala de juntas. Cham: Springer.

Seebacher, U. (2020b). Gestión basada en plantillas - Una guía para una práctica profesional eficiente y eficaz. Graz: AQPS Inc.

Seebacher, U. (2021). Predictive Intelligence for Managers - The easy way to data-driven business management - with self-assessment, procedure model and case studies. Heidelber: Springer.

Smola, A. (2008). *Introducción al aprendizaje automático*. Cambridge: Cambridge University Press.

La autoevaluación de GBD 3

Este capítulo describe y presenta el procedimiento de prueba que se puede utilizar para determinar la inteligencia in y o predictiva como dimensión objetivo del GBD. Esta autoevaluación se basa en el modelo de madurez GBD descrito anteriormente y mapea todas las dimensiones requeridas.

Si no sólo una persona de una organización completa la evaluación para una organización determinada, el resultado generado también puede validarse sobre la base de un análisis de divergencia. Si hay poca divergencia entre los valores generados en cada caso, se puede suponer una alta validez, mientras que con el aumento de la divergencia la validez de los resultados disminuye y debe ser cuestionada.

3.1 Las dimensiones de la evaluación del GBD

La evaluación se divide en ocho elementos de contenido, que se apoyan en diferentes conjuntos de preguntas:

1. Índice de potencial
2. Índice de la cadena de valor
3. Índice de eficiencia de costes
4. Índice de estructura
5. Índice de estrategia
6. Índice de distribución
7. Índice de infraestructuras
8. Índice de competencia

Sobre la base de estas ocho áreas, se puede generar el correspondiente gráfico de araña a partir de las respuestas, mostrando muy claramente de un vistazo cómo se posiciona una organización estadounidense de ejemplo en términos de inteligencia predictiva (Fig. 3.1).

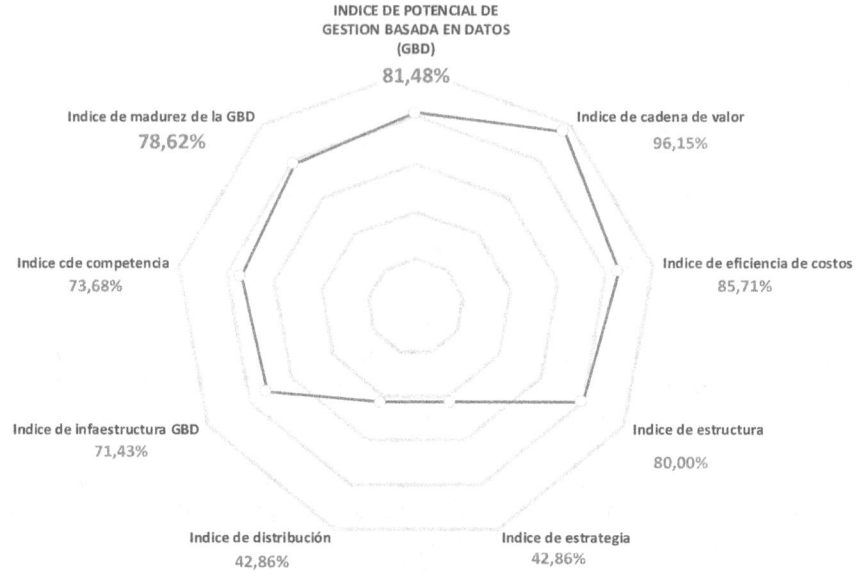

Fig. 3.1. Evaluación de una encuesta GBD-SA (fuente: Seebacher 2021).

La figura 3.1. muestra la situación de una organización que ya está muy desarrollada en términos de GDD. El gráfico de araña muestra, por un lado, el gran potencial de GBD de esta organización (91,3%) y, por otro, hasta qué punto podrían desarrollarse las distintas áreas del índice en el transcurso del proyecto de tres años sin necesidad de presupuestos específicos. En las siguientes secciones, se hará referencia a este ejemplo de evaluación una y otra vez para ilustrar y aclarar mejor los valores y su declaración.

3.1.1 El índice de potencial

¿Merece la pena que una organización invierta en gestión basada en datos o en inteligencia predictiva? El Índice de Potencial utiliza seis preguntas estructurales para determinar cuán grande es el potencial de la gestión corporativa basada en datos de una organización, preguntando en cuántas industrias, regiones o países está activa la unidad en cuestión. Además, se pregunta por el número de productos que se ofrecen y para qué aplicaciones. Cuanto más heterogénea es la oferta de una organización, por un lado, y la multitud de mercados diferentes, por otro, más importante es actuar con mucha precisión sobre la base de la inteligencia predictiva de manera sostenible. Cuantos más ámbitos tenga una organización, más extensas y complejas se vuelven las respectivas situaciones de contingencia, que a su vez deben ser mapeadas y analizadas utilizando grandes volúmenes de datos, es decir, *Big Data* .

Así, cuanto más alto sea el índice de potencial, mayor será el potencial de una organización en relación con la GBD y viceversa. En cualquier caso, una empresa que sólo ofrece un producto en un país obtendrá muchos menos beneficios a largo plazo de la GBD en comparación con una empresa de tamaño medio con una cartera de productos muy desagregada y con presencia mundial, como es la base de la evaluación de la Fig. 3.1. Responda a las siguientes preguntas para determinar el potencial de su respectiva unidad organizativa marcando la respuesta correspondiente.

Tab. 3.1 Preguntas sobre el índice de potencial

No.	Pregunta	Opciones de respuesta						
		0	1	2	3	4	5	Pkt.
1	¿En cuántos sectores opera la organización?	No sé	1	2	<5	5+		
2	¿En cuántos continentes opera la organización?	No sé	1	2	3	4+		
3	¿En cuántos países opera la organización?	No sé	1	<10	<25	25+		
4	¿Cuántos productos/soluciones ofrece la organización?	No sé	<5	<25	<50	50+		
5	¿Cuántos centros de producción tiene la organización?	No sé	Ninguno	<5	<15	15+		
6	¿Cuál es el porcentaje de transacciones comerciales fraudulentas?	<0,1%	0,1 – 0,3%	0,3 – 0,5%	0,5 – 1%	1 – 3%	3 – 5%	
7	¿Cuál es la configuración actual en términos de marketing, gestión de productos/comercialización, desarrollo empresarial y ventas?	No sé	En una unidad	2 o más en una unidad	Todos los solteros			
8	¿Cuál es la estrategia de marketing de la organización?	B2C	B2B	B2G [5]				

3.1.2 El índice de la cadena de valor

La cadena de valor, como herramienta metódica y sofisticada, permite analizar de forma exhaustiva y coherente las actividades de una unidad organizativa relevante. La cadena de valor es, pues, el vínculo entre el nivel operativo y el conceptual-estructural.

En el marco del GBD, pensar en términos de cadenas de valor desempeña un papel muy decisivo. La experiencia ha demostrado que la mayoría de las empresas sólo cubren partes de las cadenas de valor industriales en términos de su cartera de productos. En consecuencia, las cifras, los datos y los hechos sobre los mercados y las industrias presentan una imagen falsa.

---

[5] Empresa a Gobierno

Tab. 3.2 Preguntas sobre el índice de la cadena de valor

No.	Pregunta	Opciones de respuesta						
		0	1	2	3	4	5	Pkt.
9	¿Utiliza ya la CV[6] para analizar, personalizar, desarrollar, planificar y estructurar ofertas específicas del sector?	No sé	no	en parte	Sí			
10	¿Dispone la organización de CVs documentados de forma limpia, coherente y válida para todos los sectores y segmentos cubiertos?	No sé	no	en parte	Sí			
11	¿Cómo se desarrollan estas CV?	No sé	Externo a través de consultores	Junto con el consultor	interno			
12	¿Cómo se actualizan estas documentaciones de la CV?	No sé	Externo a través de consultores	Junto con el consultor	interno			
13	¿Con qué frecuencia se actualiza la documentación de la CV?	No sé	nunca	Cada dos años	anual	Con mayor frecuencia o de forma continua		
14	¿Quién es el responsable del trabajo de la CV?	No sé	otros	Distribución	Prod. Mgt. /Mkt.	Marketing		
15	¿Quién participa en el trabajo de la CV?	No sé	Sólo el equipo responsable	2 o más equipos	Todas las partes interesadas internas pertinentes	Integración situacional y flexible en función del VAC		
16	¿Qué datos se utilizan para el trabajo de la CV?	No sé	Sólo datos externos	Sólo datos internos	Datos internos y externos			

Por ejemplo, si el mercado mundial de la minería tuviera un volumen XM – el *mercado* absoluto – y consistiera en una cadena de valor de tres partes: minería (XA), transporte (XT), procesamiento (XV) – por tanto, XM=$f_{(A+T+V)}$, entonces el *mercado de referencia* para un proveedor de bombas sumergibles, que sólo se utilizan en la primera parte de la cadena de valor industrial en la minería, ya no sería XM, sino XA=$f_{(M-T-V)}$. De ello se deduce que el mercado de referencia es, en cualquier caso, más pequeño y diferente del mercado absoluto. En este contexto, el mercado de referencia depende a su vez de la respectiva cartera de productos de la empresa investigada. Por lo tanto, si no se tiene en cuenta la estructura de la cadena

---

[6] CV se utiliza aquí como abreviatura de la cadena de valor para facilitar la lectura.

de valor industrial pertinente, las cifras utilizadas son erróneas y demasiado elevadas, lo que puede tener consecuencias fatales para las decisiones de inversión, así como para la evaluación de la cuota de mercado de la propia empresa.

En este contexto, es fundamental mapear las industrias a las que sirve una organización en forma de cadenas de valor. Esto implica determinar las inversiones anuales en maquinaria y equipos (*CAPEX*), pero también en costes de servicio y mantenimiento (*OPEX*) por sección definida de la cadena de valor. La segunda serie de preguntas del PI-SA mide, por tanto, la madurez de una organización a la hora de abordar las cadenas de valor industriales pertinentes.

3.1.3 El índice de eficiencia de costes

El desarrollo de una infraestructura de GBD propia ofrece enormes ventajas en cuanto a costes, como también pone de manifiesto el modelo de madurez. Esto se debe a que, además de otros muchos efectos y beneficios, un GBD interno, propiedad de la organización, puede sustituir a los servicios externos de información y boletines informativos de forma muy rápida y sencilla y con el menor coste posible. Este importante ahorro puede utilizarse directamente para el desarrollo de competencias propias o de los empleados, pero también para la compra de más datos específicos del sector.

El valor de la organización de ejemplo en términos de KE-I, con un 85,71%, muestra que más de tres cuartas partes de los costes ya se han convertido de externos y a corto plazo a internos y sostenibles. Por ejemplo, se cancelaron lo antes posible todas las suscripciones a proveedores de servicios de boletines externos y se ahorraron inmediatamente cantidades elevadas de seis cifras en euros. Éstas se utilizaron para adquirir datos adicionales de fuentes preseleccionadas y precalificadas, con el fin de ampliar el conjunto de datos internos para el desarrollo de series temporales y los análisis correspondientes. Responda a las preguntas del cuadro 3.3.

3.1.4 El índice de estructura

Como punto de partida estructural para la GBD, puede ser el equipo de Inteligencia de Mercado y de Negocio (MI/BI) o un departamento central en el entorno de *desarrollo corporativo*. En algunos casos, ya existen unidades de Inteligencia *Central* (Strohmeier, 2020). El estudio actual de Freeform Dynamics Ltd. (2020) confirma esta apreciación, ya que alrededor de la mitad de las empresas utilizan actualmente algún tipo de datos para apoyar la gestión corporativa. Responda a las preguntas sobre las estructuras de la tabla 3.4.

3.1.5 El índice de estrategia

Partiendo del índice de estructura, el índice de estrategia (tab. 3.5) examina el grado de definición y organización del tema de la estrategia empresarial. El GBD no sólo se centra en los aspectos a corto y medio plazo de la gestión empresarial,

Tab. 3.3 Preguntas sobre el índice de rentabilidad

No.	Pregunta	Opciones de respuesta						
		0	1	2	3	4	5	Pkt.
17	¿Qué porcentaje del presupuesto de marketing se gasta actualmente en Market/Bus. Intelligence (MI/BI)?	No sé	<2%	2 – 5%	5 – 10%	+10%		
18	¿Con qué frecuencia se envían actualizaciones a la organización en forma de boletín de MI/BI?	No sé	En absoluto	Irregular	Regular (por ejemplo, ¼ de año, 2 meses, mensual)	Mensualmente		
19	¿Cuántos análisis externos, informes, estudios, etc. se compran al año por término medio?	No sé	20 y más	10 - 20	5 - 10	<5		
20	¿Cuál es el coste medio de estos informes externos por pieza?	No sé	25.000 euros o más	10.000 - 25.000 euros	5.000 - 25.000 euros	Menos de 5.000 euros		
21	¿Cuántos proveedores de servicios externos para datos, información, boletines/actualizaciones, etc. están contratados actualmente?	No sé	5 o más	2 a 5	Menos del 2	0		
22	¿Cuál es el coste aproximado de estos proveedores de servicios por año en euros?	No sé	100.000 o más	50.000 – 100.000	25.000 – 50.000	Menos de 25.000		
23	¿Qué departamento proporciona el presupuesto para esto?	No sé	Varios departamentos	Distribución	Sólo MI/BI	Sólo marketing		

Tab. 3.4 Preguntas sobre el índice de estructura

No.	Pregunta	Opciones de respuesta						
		0	1	2	3	4	5	Pkt.
24	¿La función de IG/BI está ubicada en el departamento de marketing?	No sé	No	Sí				
25	En caso negativo, ¿dónde se encuentra actualmente MI/BI?	No sé	Distribución	Otro departamento				
26	Si la respuesta es afirmativa, ¿con qué frecuencia solicita el departamento de ventas apoyo de MI/BI?	No sé	Mensualmente	Semanal	Varias veces a la semana			
27	Si la respuesta es afirmativa, ¿está la información sobre el IM/BI disponible en línea las 24 horas del día y de forma interactiva para las ventas?	No sé	No	Parcialmente	Sí			

sino también y sobre todo en las cuestiones estratégicas sobre la base de datos multidimensionales cada vez más precisos y extrapolables. Sin embargo, para desarrollar la competencia adecuada.

En lo que respecta a los aspectos estratégicos de la gestión empresarial basada en datos, es esencial empezar por el nivel operativo. En este contexto, la preparación y el establecimiento de la inteligencia predictiva deben, por tanto, tener en cuenta también cómo se establece actualmente el amplio e importante tema de la estrategia en las organizaciones. El índice de estrategia se mapea y define desde una perspectiva organizativa a partir de las siguientes preguntas.

Tab. 3.5 Preguntas del índice de estrategia

No.	Pregunta	Opciones de respuesta						
		0	1	2	3	4	5	Pkt.
28	¿El tema de la estrategia se sitúa en el marketing?	No sé	No	Sí				
29	Si la respuesta es NO, ¿dónde se encuentra actualmente el problema?	No sé	Distribución	Otro departamento				
30	Si la respuesta es afirmativa, ¿con qué frecuencia solicita el departamento de ventas apoyo a la estrategia?	No sé	Mensualmente	Semanal	Varias veces a la semana			

3.1.6 El índice de distribución

En el contexto de la GBD es crucial el área de desarrollo empresarial futuro. Por lo tanto, las preguntas del área temática del Índice de Distribución se centran en el área de *Desarrollo Empresarial,* ya que esta función debe definir e identificar dónde, cuándo y cómo se van a distribuir los servicios y productos de una organización en los mercados pertinentes.

Tab. 3.6 Preguntas sobre el índice de distribución

No.	Pregunta	Opciones de respuesta						
		0	1	2	3	4	5	Pkt.
31	¿El tema del desarrollo empresarial se encuentra en el marketing?	No sé	No	Sí				
32	Si la respuesta es NO, ¿dónde se encuentra actualmente el problema?	No sé	Distribución	Otro departamento				
33	Si la respuesta es afirmativa, ¿con qué frecuencia solicita el departamento de ventas apoyo para el desarrollo del negocio?	No sé	Mensualmente	Semanal	Varias veces a la semana			

No se trata sólo de la distribución en términos de contenido, sino de la distribución en términos de marketing, con el fin de generar el mayor número posible de clientes *potenciales entrantes* (Wenger, 2020). Los clientes potenciales entrantes son solicitudes de productos y ofertas concretas generadas por el marketing. Estas consultas tienen un efecto muy positivo en el *rendimiento de las ventas (*RoS), ya que de esta manera se puede evitar la llamada en frío, que requiere mucho tiempo y dinero. El marketing moderno de productos industriales puede cubrir ahora grandes partes del proceso de ventas de forma automatizada para involucrar a las ventas sólo cuando las consultas se hayan concretado y validado hasta el punto de que el plazo, el responsable y el presupuesto para la decisión de compra estén claramente definidos. Para ello, responda a las preguntas del tabla 3.6.

3.1.7 El índice de infraestructuras

Para empezar a establecer la GBD en una organización, en realidad no se necesitan inicialmente aplicaciones o herramientas especiales. Por lo tanto, el índice de infraestructura (Tab. 3.7) determina qué aplicaciones útiles pueden utilizarse en el contexto del establecimiento de la GBD.

Tab. 3.7 Preguntas sobre el índice de infraestructuras

No.	Pregunta	Opciones de respuesta						
		0	1	2	3	4	5	Pkt.
34	¿Dispone la organización de una intranet 24/7 disponible en todo el mundo?	No sé	No	Sí				
35	¿Dispone la organización de un sistema CRM para toda la organización?	No sé	No	Sí				
36	¿Dispone la organización de un sistema ERP para toda la organización?	No sé	No	Sí				
37	¿Dispone la organización de un sistema de inteligencia empresarial para toda la organización? [7]	No sé	No	Sí				
38	¿Dispone la organización de un sistema de automatización del marketing para toda la organización? [8]	No sé	No	Sí				
39	¿Dispone la organización de un sistema de escaneo de plomo en toda la organización?	No sé	No	Sí				
40	¿Dispone la organización de un sistema de configuración-precio-presupuesto disponible en toda la organización? [9]	No sé	No	Sí				

---

[7] Las soluciones de inteligencia empresarial más comunes son Click, PowerBI, SAP Analytics Cloud o Tableau.
[8] Entre las soluciones de automatización de marketing más comunes se encuentran Hubspot o Marketo de Adobe.
[9] https://de.wikipedia.org/wiki/Configure_Price_Quote. Consultado: 14 de abril de 2021

3.1.8 El índice de competencia

El último índice de la evaluación del GBD ayuda a determinar el estado actual con respecto a las competencias operativas (Tab. 3.8). Cuanto antes se conozcan las áreas de conocimiento necesarias, antes se podrá empezar a desarrollar estos temas internamente.

Tab. 3.8 Preguntas sobre el índice de competencia

No.	Pregunta	Opciones de respuesta						
		0	1	2	3	4	5	Pkt.
41	¿Tiene la organización un gestor de ciencia de datos (DSM)?	No sé	No	Parcialmente	Sí			
42	¿Dispone la organización de un gestor de contenidos (CAM)?	No sé	No	Parcialmente	Sí			
43	¿Dispone la organización de un gestor de campañas de marketing (MCM)?	No sé	No	Parcialmente	Sí			
44	¿Tiene la organización un director de operaciones de marketing (MOM)?	No sé	No	Parcialmente	Sí			
45	¿Cuenta la organización con un director de rendimiento de marketing (MPM)?	No sé	No	Parcialmente	Sí			
46	¿Tiene la organización un director de tecnología de marketing (MTM)?	No sé	No	Parcialmente	Sí			
47	¿A qué nivel se sitúa el vicepresidente senior o el director de marketing o el CMO en relación con el consejo de administración?	No sé	3 o más niveles por debajo	2 niveles por debajo	1 nivel por debajo	A nivel del consejo de administración		
48	¿A qué nivel se sitúa el Jefe de Marketing en relación con el Comité Ejecutivo?	No sé	3 o más niveles por debajo	2 niveles por debajo	1 nivel por debajo	A nivel del consejo de administración		

3.2 La evaluación de la valoración del GBD

Ya hemos respondido a todos los segmentos de la Autoevaluación de Inteligencia Predictiva en términos de contenido. A continuación, vamos a evaluar las respuestas dadas anteriormente. Para ello, introduzca los puntos dados en la segunda fila para cada respuesta en el varias tablas para que toda la columna de la derecha se llene de puntuaciones. Aquí se muestra un ejemplo de una tabla pre-rellenada (Tab. 3.9).

Tab. 3.9 Evaluación de la muestra para el índice de distribución

No.	Pregunta	Opciones de respuesta						Pkt.
		0	1	2	3	4	5	
31	¿El tema del desarrollo empresarial se encuentra en el marketing?	No sé	No	Sí				1
32	Si la respuesta es NO, ¿dónde se encuentra actualmente el problema?	No sé	Distribución	Otro departamento				2
33	Si la respuesta es afirmativa, ¿con qué frecuencia solicita el departamento de ventas apoyo para el desarrollo del negocio?	No sé	Mensualmente	Semanal	Varias veces a la semana			

Tab. 3.10 Segmentos del índice de la tabla de evaluación

Tabla	Nombre de la tabla	Puntos de mesa conseguidos ($_{TE}$)	Puntos de mesa máximos alcanzables ($_{TM}$)	Determinación del valor del índice ($_{TE/TM}$)*100
3.1	PI	_____	30	_____/30 _____/100 %
3.2	WK-I	_____	27	_____/27 _____/100 %
3.3	KE-I	_____	28	_____/28 _____/100 %
3.4	SR-I	_____	8	_____/8 _____/100 %
3.5	SA-I	_____	5	_____/5 _____/100 %
3.6	D-I	_____	5	_____/5 _____/100 %
3.7	I2	_____	14	_____/14 _____/100 %
3.8	AI	_____	26	_____/26 _____/100 %

Gestión basada en datos 59

Tab. 3.11 Tabla de evaluación Puntuación global de preparación (RS)

Tabla	Nombre de la tabla	Determinación del valor del índice $(_{TE/TM})*100$	Valores intermedios	
3.1	PI	_____/30 _____/100 %		
3.2	WK-I	_____/27 _____/100 %		
3.3	KE-I	_____/28 _____/100 %		
3.4	SR-I	_____/8 _____/100 %	_____/113 _____/100%	Valor porcentual Tab. 3.2 - 3.8 dividido por Porcentaje PI
3.5	SA-I	_____/5 _____/100 %		_____
3.6	D-I	_____/5 _____/100 %		
3.7	I2	_____/14 _____/100 %		
3.8	AI	_____/26 _____/100 %		

A partir de las respuestas introducidas, se tomó el valor "1" para la columna de la derecha denominada "Pkt." en la segunda fila para la pregunta 31. Para la pregunta 32, se utilizó el valor "2" en consecuencia. Esto da como resultado que el número de la tabla para la D-I en este caso sea 3 y, sobre esta base, en relación con el valor máximo total posible de 5, un valor porcentual del 60%. El valor máximo de "5" resulta de la respuesta "Sí" a la pregunta 31, a la que se asigna el valor "2", y de la respuesta "Varias veces por semana" a la pregunta 33 -la pregunta 32 sólo puede responderse en caso de un "No" a la pregunta 31-, a la que se asigna el valor "3". Siguiendo el mismo procedimiento, en el siguiente paso se completarán todas las tablas (3.1 a 3.8) y se transferirán los respectivos totales de las tablas a la tabla 3.10. Para determinar la *puntuación global de preparación,* hay que sumar los valores porcentuales de las tablas 3.2 a 3.8 y dividirlos por el número 7. Este valor

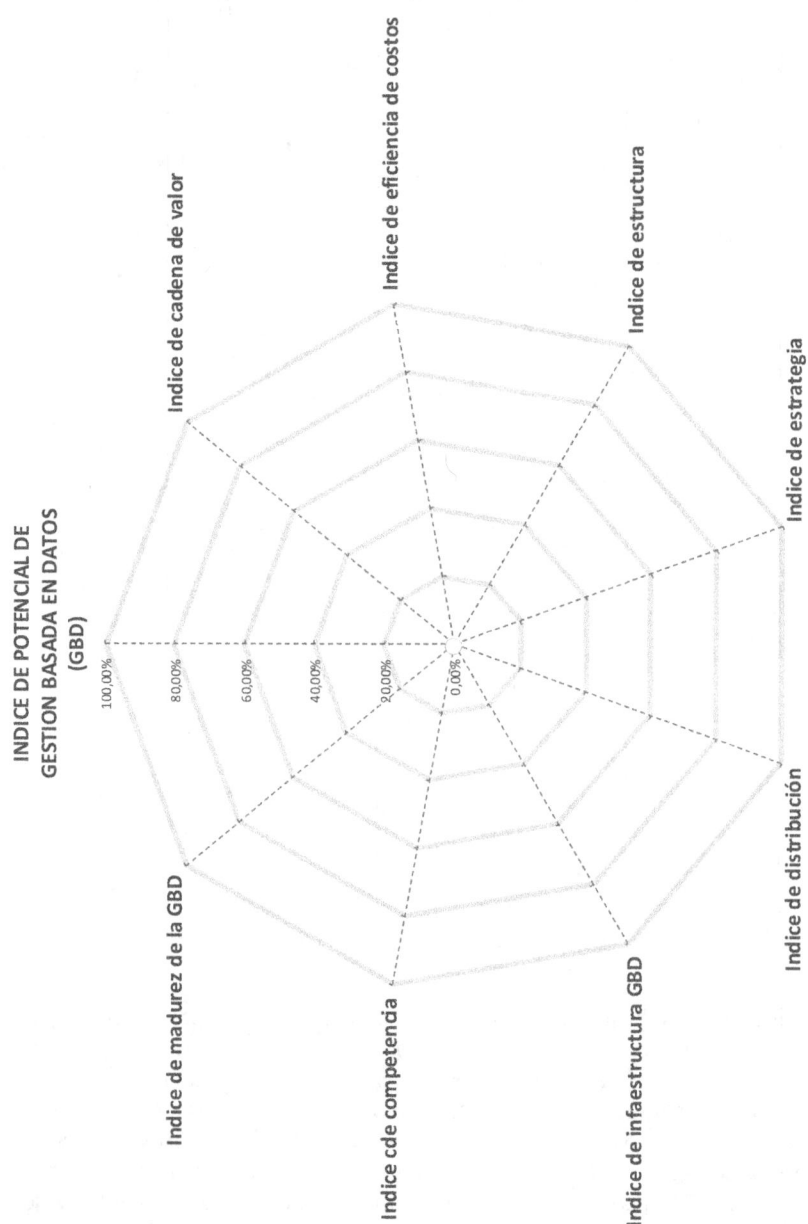

Fig. 3.2 Rejilla de araña para la autoevaluación de GBD/PI (fuente: representación propia).

determinado se relaciona con el valor de la tabla 3.1. Se debe realizar el siguiente cálculo (Tab. 3.11).

En el último paso de la Tabla 3.11, se determina el RS para la organización investigada, que se introduce en el campo correspondiente del gráfico de araña, al igual que los demás valores del índice, para completar la autoevaluación para la GDD (Fig. 3.2). Así, el nivel de madurez de GBD para la unidad organizativa correspondiente queda ahora definido y el statu quo muestra de dónde se puede o debe partir.

Sobre la base de los proyectos realizados, una autoevaluación semestral de la IP puede ser útil para reflexionar sobre el propio desarrollo. Como ya se ha comentado, la participación de los clientes internos es sin duda también un aspecto importante para obtener una imagen válida de la situación con respecto al nivel de madurez de la inteligencia predictiva.

3.3 Saber a qué atenerse

Esta sección describe la brújula que permite tomar el camino correcto desde el principio. Una y otra vez, el tema de la gestión empresarial basada en datos y
aún más, el nuevo campo de la inteligencia predictiva está innecesariamente desconcertado. Como siempre en la vida, se requiere una visión de conjunto, pero también las habilidades básicas adecuadas.

La Autoevaluación GBD/PI pretende ser una herramienta sencilla pero muy útil para profundizar en la sensibilidad necesaria con respecto a los factores organizativos relevantes, pero también instrumentales y teóricos de la competencia.

Más información

Cummings, T. (2013). *Todo lo que necesitas saber sobre los precios dinámicos.* The Christian Science Monitor.
Freeform Dynamics Ltd. (2020). *El camino para convertirse en una empresa basada en datos.* Informe de investigación.
Harting, D. (1994). La *creación de valor en los nuevos caminos.* Beschaffung aktuell. 7/1994.
Kotler, P., et al. (2007). *Marketing management: Estrategias para la creación de valor* (12ª ed.). Edición). Munich: Pearson Studium.
Seebacher, U. (2020a). *Marketing B2B: Una guía desde el aula hasta la sala de juntas.* Cham: Springer.
Seebacher, U. (2020b). *El marketing B2B es esencial: cómo hacer que su marketing deje de ser un coste y se convierta en un
motor de ventas* (2ª ed.). Graz: AQPS.
Seebacher, U. (2020c). *Gestión basada en plantillas: una guía para una gestión eficaz e impactante
práctica profesional.* Cham: Springer.
Strohmeier, L. (2020). La *inteligencia empresarial central.* En U. Seebacher (Hrsg.), B2B marketing-A guidebook for the classroom to the boardroom. Cham: Springer.
Wenger, St. (2020). *Erfolgreiches lead management.* En U. Seebacher (Hrsg.), B2B marketing-A guidebook for the classroom to the boardroom. Cham: Springer.

Resumen y perspectivas

En el contexto de este libro, se ha intentado llevar un tema aparentemente complejo de la práctica de la gestión moderna al punto de una manera concisa y punzante. El objetivo era desmitificar este tema, tan importante para la supervivencia de las empresas. Albert Einstein dijo:

> *"Si no puedes explicarlo **fácilmente**, ¡no lo has entendido lo suficientemente bien!"*

Siguiendo esta premisa, nos hemos centrado en lo esencial para realizar esta guía para la gestión orientada a los datos. Mientras tanto, muchos profesionales han utilizado esta guía para dominar con mucho éxito los primeros pasos del modelo de proceso hacia la gestión orientada a los datos para superar la ceguera de datos actualmente dominante en las empresas. Llegados a este punto, sólo podemos animarles a que asuman este reto tan fascinante junto con sus equipos. Al fin y al cabo, quien ponga en duda la necesidad de la GBD hoy en día es obvio que no está al día y que también se mueve con los tiempos.

Llegados a este punto, hay que señalar que existe una excelente bibliografía adicional sobre este tema, que también proporciona valiosa información y consejos de la investigación aplicada y el trabajo práctico sin los conocimientos previos necesarios. Los hemos enumerado en los capítulos correspondientes de este libro. Además, asociaciones, instituciones y medios de comunicación de renombre ofrecen en la actualidad programas específicos para desarrollar pero también profundizar en los conocimientos específicos de la gestión del desarrollo sostenible. A través de los siguientes enlaces, se pueden encontrar programas y cursos relevantes en el contexto del GBD:

- **Asociación Federal de Comunicación Industrial:** https://bvik.org/b2b-kompetenz-werkstatt/datengetriebenes-management-hands-on-erlernen/#detail
- **Iversity Springer:** https://iversity.org/de/courses/data-management-excellence-journey

Con esto en mente, le deseamos mucho éxito en el viaje hacia la gestión basada en datos. El éxito, como siempre, es el resultado de muchos pequeños pasos. Sé valiente, mantente agradecido y cuida tu salud física, pero también mental.

Lo que se puede sacar de este *esencial*

- Una visión actualizada del dinámico campo de la gestión basada en datos.
- El modelo de madurez que debe ser su guía y referencia para los retos y problemas de su vida cotidiana.
- Una evaluación de la preparación para el GBD fácil de realizar y eficaz que le ayuda a ver en qué punto se encuentra su organización y por dónde debe empezar.
- La comprensión de que, como gestor y líder, debe dar forma activamente a su propio futuro y al posicionamiento sostenible de su organización
- La necesidad de entender los datos como el nuevo oro y establecer este hecho en la gestión.
- La constatación de que cualquier decisión empresarial puede y debe tomarse más y exclusivamente sobre datos objetivos, fiables y válidos.
- Una dirección de correo electrónico en la que puedan ponerse en contacto conmigo en cualquier momento.

Literatura adicional

Artun, Ö., Levin D. (2015): Predictive Marketing - Easy Ways Every Marketer Can Use, Wiley, Nueva Jersey.
Bacon, A. (2020): Account-based Marketing. en: Seebacher, U. (Hrsg.): Praxishandbuch B2B Marketing. Springer, Heidelberg.
Barron, J. M., Berger, M. C., Black, D. A. (1997): Introduction to On-the-Job Training. Upjohn Institute for Employment Research. S. 1-3.
Becker, G. S. (1993): Human Capital - A Theoretical and Empirical Analysis with Special Reference to Education. 3. Auflage. University of Chicago Press. Chicago.
Blondel, V. D., Guillaume, J.-L., Lambiotte, R., Lefebvre, E. (2008): Fast unfolding of communities in large networks. Journal of Statistical Mechanics: Theory and Experiment. 2008 (10): P10008
Borgelt, Ch., Klawonn, F., Kruse, R., Nauck D.: Neuro-Fuzzy-Systeme - Von den Grundlagen künstlicher Neuronaler Netze zur Kopplung mit Fuzzy-Systemen. Springer, Wiesbaden.
Branbandt, N. (2016): Solving the leadership problem - Developing an effective and sustainable leadership model based on the experiences of management and leadership thought leaders. Academia Education, Londres.
Bruderer, H. (2018): Invención del ordenador, ordenador de electrones, desarrollos en Alemania, Inglaterra y Suiza. En: Hitos de la tecnología informática. 2ª edición completamente revisada y muy ampliada. Vol. 2. De Gruyter, Berlín.
Brynjolfsson, E., Collis, A.: "The value of the digital economy", Harvard Business Manager, abril de 2020, pp. 50 - 58.
Busol, M. (2019): La guerra por los talentos: Factores de éxito en la batalla por los mejores. Springer Gabler. Heidelberg.
Bühner, R. (2005): Personalmanagement. 3ª ed. Oldenbourg Verlag. Múnich.
Chamoni, P., Gluchowski, P. (2006): Sistemas de información analítica: Business intelligence technologies and applications. 3ª ed. Springer, Berlín.
Christl, W. (2014): La vigilancia digital comercial en la vida cotidiana. PDF, en: crackedlabs.org, noviembre de 2014, p. 12.
Cummings, T. (2013): Todo lo que necesitas saber sobre los precios dinámicos. The Christian Science Monitor.
Dhar, V. (2013): La ciencia de los datos y la predicción. Communications of the ACM 56 (12): 64.
Edmondson, A. C.: "La organización sin miedo - Crear seguridad psicológica en el lugar de trabajo para el aprendizaje, la innovación y el crecimiento". Wiley, 2018
Ermer, B (2020): Social Selling im B2B Marketing, en: Seebacher, U.: Praxishandbuch B2B Marketing. Springer, Heidelberg.
Escoufier y otros (1995): Prefacio. En: Data Science and its Application (en inglés). Academic Press, Tokio.
Ester, M., Sander, J. (2000): Knowledge Discovery in Databases. Techniques and applications. Springer, Berlín.

Fayyad, U. M., Piatetsky-Shapiro G., Smyth, P. (1996): From Data Mining to Knowledge Discovery in Databases. En: AI Magazine. Band 17, Nr. 3, S. 37-54.
Felden, C., Buder, J. (2012): El apoyo a la toma de decisiones en las sociedades en red. En: Business Informatics 1, pp. 17-32.
Forbes (2013): A Very Short History of Data Science. Gil Press.
Freeform Dynamics Ltd. (2020): The Road to Becoming A Data-driven Business - Research Report. Londres.
Frei, F., Morriss, A.: Desatado. The unapologetic leader's guide to empowering everyone around you. Harvard Business Review. Junio de 2020
Frey, A., Trenz, M., y Veit, D. (2019): Una perspectiva de la lógica dominante del servicio sobre los roles de la tecnología en la innovación de servicios: Uncovering Four Archetypes in the Sharing Economy, Journal of Business Economics (89:8-9), pp. 1149-1189. (https://doi.org/10.1007/s11573-019-00948-z)
Gareth, J., Witten, D., Hastie, T., Tibshirani, R. (2017): An Introduction to Statistical Learning with Applications in R., Springer New York.
Güpner, A. (2015): Ich bin ein Star - ¡Déjame entrar aquí! El libro de la carrera para el comienzo perfecto de la misma. USP International, Múnich
Halb, F.; Seebacher, U. (2020): Customer Experience und Touchpoint Management, en: Seebacher, U. (Ed.): Praxishandbuch B2B Marketing. Springer, Heidelberg.
Han, J., Kamber, M. (2001): Minería de datos: conceptos y técnicas. 1. Auflage. Morgan Kaufmann, 2001.
Harting, D. (1994): La creación de valor en los nuevos caminos. En: Beschaffung aktuell. 7/1994.
Hildebrand, K., Gebauer, M., et al. (2018). Calidad de datos e información: hacia la excelencia informativa. Springer Vieweg. Heidelberg.
Hinton, G., Sejnowski, T. J. (Hrsg.) (1999): Unsupervised Learning: Foundations of Neural Computation. MIT Press, 1999
IIBA® International Institute of Business Analysis (2017): BABOK® v3 - Leitfaden zur Business-Analyse BABOK® Guide 3.0, 3ª edición ampliada, Verlag Dr. Götz Schmidt, Wettenberg.
Iansiti, M., Lakhani, K. R.: Tecnología: La verdad sobre Blockchain. En: HBR.org, enero/febrero de 2017.
Kotler, P., et al. (2007): Dirección de marketing: estrategias para la creación de valor. 12ª edición, Estudios Pearson, Nueva York.
Kotler, P., Pfoertsch, W., Sponholz, U. (2021): H2H Marketing - The Genesis of Human-to-Human Marketing. Springer, Heidelberg.
Langley, P. (2011): La ciencia cambiante del aprendizaje automático. En: Machine Learning. Band 82, Nr. 3, 18. Februar 2011, S. 275-279.
Müller, A. C., Guido, S. (2017): Introducción al aprendizaje automático con Python: Praxiswissen Data Science. O'Reilly, Heidelberg.
Müller, E. (2019): La industria de Netflix. Revista Manage, julio de 2019, pp. 95-97.
Nefiodov, L. (2014): El sexto Kondratieff: La nueva onda larga de la economía mundial. Las ondas largas de la actividad económica y su innovación básica. Rhein-Sieg-Vlg Nefiodow; 7ª edición.
Negovan, M. (2020): 365 Tage Marketing Turnaround, en: Seebacher, U. (Ed.): Praxishandbuch B2B Marketing - Neueste Konzepte, Strategien und Technologien sowie praxiserprobte Vorgehensmodelle - mit 11 Fallstudien. Springer Verlag, Heidelberg.
Ng, A., Soo, K. (2018): La ciencia de los datos: ¡qué es de todos modos! Algoritmos de aprendizaje automático explicados de forma comprensible. Springer, Heidelberg.
Peter, L. J., Hull, R. (1972): Das Peter-Prinzip oder die Hierarchie der Unfähigen, Reinbek bei Hamburg.
Porter, M. E. (1986): Competitive Advantage. Achieving and maintaining top performance. Traducido del inglés por Angelika Jaeger. Campus Verlag, Frankfurt am Main.
Reichert, R. (2014): Big Data: Analysen zum digitalen Wandel von Wissen, Macht und Ökonomie. transcript Verlag, Bielefeld, p. 9.

Rifkin, J. (2019): The global Green New Deal: Por qué la civilización basada en los combustibles fósiles colapsará alrededor de 2028 - y un audaz plan económico puede salvar la vida en la Tierra. Campus Verlag, Frankfurt am Main.

Scheer, P., Kasper, H. (2011): Leadership und soziale Kompetenz. Linde Verlag, Viena.

Seebacher, U. (2020): Praxishandbuch B2B Marketing - Neueste Konzepte, Strategien und Technologien sowie praxiserprobte Vorgehensmodelle - mit 11 Fallstudien. Springer Verlag, Heidelberg.

Seebacher, U. (2020): Gestión basada en plantillas - Una guía para una práctica profesional eficiente y eficaz. AQPS Inc, Graz.

Seebacher, U. (1996): Evaluación de la eficacia de la certificación de calidad con el ejemplo del sector de los servicios financieros. Disertación en la Universidad de Economía y Administración de Empresas de Viena en el Instituto de Tecnología y Gestión de la Producción, Viena.

Seebacher, U., Güpner, A. (2010): Strategic Workforce Management. USP Publishing, Múnich.

Seebacher, U., Güpner, A. (2011): Gestión de recursos de marketing. Editorial USP, Múnich.

Seebacher, U., Güpner, A. (2014): Innovation durch strategisches Personalmanagement: Das "Made in Germany" sichern durch Workforce und Diversity Management. USP International, Múnich - Nueva York.

Shapiro, C., Varian, H. R. (1998): Information Rule: A Strategic Guide to the Network Economy. Harvard Business School Press, Harvard.

Smola, A. (2008): Introduction to Machine Learning. Cambridge University Press, Cambridge.

Strohmeier, L. (2020): Central Business Intelligence, en: Seebacher, U. (Ed.): Praxishandbuch B2B Marketing. Springer, Heidelberg.

Steinmetz, R.; Wehrle K. (2006): Redes y computación entre iguales. La palabra de moda en la actualidad. En: Informatik Spektrum. Springer, Heidelberg 27.2004,1, 51-54.

Sturm, A., Opferbeck, I., Gurt, J. (2011): Organisational psychology, VS Verlag für Sozialwissenschaften. Wiesbaden

Vollenweider, M. (2017): mind + machine - A Decision Model for Optimizing and Implementing Analytics. Wiley India, Nueva Delhi.

Weinländer, M. (2020): Corporate Influencing und Thought Leadership, en: Seebacher, U. (Ed.): Praxishandbuch B2B Marketing. Springer, Heidelberg

Wenger, St. (2020): Erfolgreiches Lead Management, en: Seebacher, U. (Ed.): Praxishandbuch B2B Marketing. Springer, Heidelberg

Wessel, K. F. (1998): Humanontogenetik - Neue Überlegungen zu alten Fragen. Editorial USP Kleine Verlag, Bielefeld-Munich.

Wierse, A.; Riedel, T. (2017): Smart Data Analytics (Inglés). De Gruyter Oldenbourg, 2017

Wiggins, R. (1992): Acoplamiento de un camión: A genetic fuzzy approach". AI Expert. 7 (5): 28–35.